元厚生労働事務官が解説する　3訂版

労災保険
実務講座

特定社会保険労務士
高橋　健　著

JN002342

日本法令

● ● ● は じ め に ● ● ●

　業務災害、通勤災害の発生に伴う労災保険請求は日常的に取り扱うという事務ではないことから、会社の人事労務担当者、社会保険関連事務等の担当者であっても、労災に該当するか否かの判断、請求手続き等について理解している方は少ないというのが現状ではないでしょうか。それぞれの事業場においては、労働災害の発生防止に積極的に取り組んでいることと思いますが、実際に業務上災害・通勤災害が発生してしまった場合には、迅速かつ適正な労災保険給付の請求手続きを行うことが重要であり、そのためには、事業主・人事労務担当者・職場管理者の理解と協力が欠かせません。

　そこで、本書では、会社における担当者として知っておきたい労災保険の知識と実務対応について解説をしていきます。担当者が日常的に机上に置きながら、いつ発生するかも知れない災害発生の際の手続きの手引き書として、また、社内各部署からの問合せ等に対応していくための手引き書としていただくことを目的とした内容になっています。難解な認定基準の解説などは省き、労災請求書記載例等を掲載することによって、「わかりやすい」「すぐに役立つ」ことを第一に考慮するとともに、社内研修の形式を用いて「読みやすい実務本」として執筆しました。

　また、厚生労働事務官として労災保険の認定事務に携わっていた者として、労働基準監督署における調査の流れについても解説しています。労働基準監督署においてどのような調査が行われているのかを知ることは、会社における事務処理、労働基準監督署の調査への対応にあたって、非常に参考になるものだと確信しています。

　なお、本書ではより理解を深めたい方のために、項目ごとに参考通達を紹介しています。通達の内容を調べたい場合は、通達集等で関係通達を確認していただきますようお願いします。

　本書が業務担当者はもとより、関係者に広く活用され、事務処理の円滑な遂行の一助となれば幸いです。

2024年2月　　　　高橋　健

もくじ

第1章　労災保険制度について

変等を著しく増悪させる業務による脳出血、くも膜下出血、脳梗塞、高血圧性脳症、心筋梗塞、狭心症、心停止（心臓性突然死を含む）もしくは解離性大動脈瘤またはこれらの疾病に付随する疾病」　/72

④　第9号「人の生命にかかわる事故への遭遇その他心理的に過度の負担を与える事象を伴う業務による精神および行動の障害またはこれに付随する疾病」　/75

第2章　労災保険給付にかかる基本的事項および給付種別

第３章　「複数事業労働者」に対する保険給付

第4章　第三者行為災害

第5章　労働基準監督署における給付決定事務

第6章　不服申立制度

第7章　その他

研修の始まりにあたって

　本書は、会社で行われる社員研修の形式で、労災保険制度を解説していきます。早速、研修が始まるようです。研修会場の様子を見ていきましょう。

総務担当
専務

　皆さん、おはようございます。
　本日から３日間「労災保険制度」についての研修を行います。受講対象者は各部署の人事労務担当者、社会保険関係担当者です。
　「労災保険」と聞くと、「言葉としては知っているけれども内容はよくわかっていない」「質問はよく受けるのだけれど正確に答えられているか不安だ」というのが実情ではないかと思います。
　労災事故の発生はあってはならないことですが、発生時の対応を誤ると、当事者の不利益につながったり、その後の事務処理が煩雑になったりします。
　労災に該当するような災害が発生してしまった場合、状況に応じて迅速に、かつ正しい請求手続き、社内手続きが必要であって、そのためには皆さんに担当者として正しい知識を持っていただくことが重要であると考えています。
　今日から３日間という長丁場になりますが、人事労務担当者、社会保険関係の担当者として労災保険制度の基礎知識と実務対応について学んでいただきます。

総務部長

　講師である社会保険労務士の高橋先生より、3日間の研修内容についてご説明いただきます。

　高橋先生は元厚生労働事務官であり、労災認定の現場に実際にいらっしゃった方です。行政内部において、様々な事案に接してきた経験を踏まえて、貴重なお話を伺えるものと思います。

　それでは、高橋先生、よろしくお願いします。

高橋
社労士

　皆さん、おはようございます。社会保険労務士の高橋です。

　今日から3日間、労災保険制度の基礎知識から実務対応、労災認定の考え方等についてご説明します。

　研修は3日間のそれぞれ午後半日を使って行います。

　説明項目は、

「労災保険制度について」
「労災保険給付にかかる基本的事項および給付種別」
「第三者行為災害」
「労働基準監督署における給付決定事務」
「不服申立制度」
「その他」です。

　説明の途中、聞きたいことはその都度手を挙げて聞いていただいて結構です。疑問点を残したまま先へ進むということのないよう、積極的に質問してください。

　それでは、早速研修を始めましょう。

第 **1** 章

労災保険制度に
ついて

Ⅰ 健康保険制度と労災保険制度

　研修のスタートとして、健康保険制度と労災保険制度について解説していきます。

　健康保険と労災保険の大きな相違点は何でしょう。違いは多々ありますが、今回は労災保険制度に関する研修ですので、保険給付を中心に、労災保険制度を理解するうえで押さえておきたいポイントを確認します。

1 健康保険

　健康保険の経営主体である保険者は、全国健康保険協会と健康保険組合です。全国健康保険協会が行うものを通称「協会けんぽ」といい、健康保険組合が行うものを「組合管掌健康保険」といいます。ここでは「協会けんぽ」について解説します。

　皆さんも会社に入って会社員となった時に、健康保険証というものを渡されて、おそらく定期入れか、財布等に入れて、大切に管理されていると思います。日本は「国民皆保険」制度をとっており、基本的にすべての人が何かしらの公的医療保険制度の加入者になることになっていますので、通常、会社員になった時点で健康保険に強制加入することになります。

　健康保険は、常時従業員を使用している法人は従業員数に関係なく強制適用になりますので、当然に御社も強制適用事業ですが、法人ではない個人事業の場合は、非適用業種ではなく常時５人以上の従業員がいれば強制適用事業になります。

① 適用事業

　健康保険は、事業所を単位に適用されます。法律により加入が義務付けられている「強制適用事業所」と任意で加入する「任意適用事業所」に区分されています。

ア　強制適用事業所

　常時５人以上の従業員がいる事業所と５人未満でもすべての法人事業所は、強制適用事業所として加入義務があります。従業員５人未満の個人事業所と非適用業種は、５人以上でも強制加入となっていません。

　　※　「非適用業種」とは、農業、漁業等の第一次産業、料理飲食店等のサービス業、神社、寺院等の宗教業をいいます。

イ　任意適用事業所

　任意適用事業所とは、**ア**の非適用事業所の個人事業所と、５人未満の従業員を使用する個人事業所をいいます。

②　被保険者

　適用事業所に常時使用される70歳未満の人は、原則としてすべて被保険者になります。

　健康保険（厚生年金保険も併せて）については、パートタイマー等の雇入れ期間の短い方について判断に迷うことが多いです。簡単に解説をお願いします。

高橋
社労士

　パートタイマー・アルバイト等でも事業所と常用的使用関係にある場合は、被保険者となります。１週間の所定労働時間および１カ月の所定労働日数が同じ事業所で同様の業務に従事している一般社員の４分の３以上である方は被保険者とされます。

　また、一般社員の所定労働時間および所定労働日数の４分の３未満であっても、下記の５要件をすべて満たす方は、被保険者になります。

１．週の所定労働時間が20時間以上あること
２．継続して２カ月以上使用されるまたは使用される見込みであること
３．賃金の月額が8.8万円以上であること
４．学生でないこと
５．常時101人以上の企業（特定適用事業所）に勤めていること（令和６年10月からは51人以上）

③　健康保険による保険給付の前提

　健康保険による保険給付には様々な種類がありますが、前提として押さえておかなければいけないのは、「業務外のケガや病気などを対象として」保険給付が行われるということです。法律の条文を見ると、健康保険法の第1条で「この法律は、労働者又はその被扶養者の業務災害以外の疾病、負傷若しくは死亡又は出産に関して保険給付を行い、（以下略）」とはっきり書かれています。つまり、仕事をしている中での業務災害や、通勤途中の通勤災害に対しては健康保険からの保険給付を行わないということです。

2　労災保険

　一方、労災保険はどうでしょう。労働者災害補償保険法（以下、「労災保険法」という）という法律の位置付けを確認しましょう。

　労働者が働くうえでの、労働条件等の最低基準を規定した法律として「労働基準法」はよくご存知かと思いますが、この労働基準法の中に「災害補償」という規定があります。これは使用者が労働者を雇用し、指揮命令下に置いて仕事をさせる中で、労働者が負傷し、疾病にかかったならば、自らの費用で必要な補償を行わなければならないというもので、使用者の過失の有無を問わず、無過失賠償責任を負わせたものです。

　ところが、使用者によっては必要な災害補償を行うことが困難な場合もあります。そのため、被災労働者に対する補償を確実に行うために労災保険制度が創設され、使用者が行うべき災害補償について労災保険法等によって給付が行われる場合には、使用者は補償の責を免れることになっています。

　少し長くなりますが、労働基準法の「災害補償」に関する条文を確認してみましょう。

第8章　災害補償

第75条（療養補償）

　労働者が業務上負傷し、又は疾病にかかった場合においては、使用者は、その費用で必要な療養を行い、又は必要な療養の費用を負担しなければならない。（以下略）

第76条（休業補償）

　労働者が前条の規定による療養のため、労働することができないために賃金を受けない場合においては、使用者は、労働者の療養中平均賃金の100分の60の休業補償を行わければならない。

　（以下略）

第77条（障害補償）

　労働者が業務上負傷し、又は疾病にかかり、治った場合において、その身体に障害が存するときは、使用者は、その障害の程度に応じて、平均賃金に別表第2に定める日数を乗じて得た金額の障害補償を行わなければならない。

第79条（遺族補償）

　労働者が業務上死亡した場合においては、使用者は、遺族に対して、平均賃金の1,000日分の遺族補償を行わなければならない。

第80条（葬祭料）

　労働者が業務上死亡した場合においては、使用者は、葬祭を行う者に対して、平均賃金の60日分の葬祭料を支払わなければならない。

第84条（他の法律との関係）

① この法律に規定する災害補償の事由について、労働者災害補償保険法又は厚生労働省令で指定する法令に基づいてこの法律の災害補償に相当する給付が行なわれるべきものである場合においては、使用者は、補償の責を免れる。

② 使用者は、この法律による補償を行った場合においては、同一の事由については、その価額の限度において民法による損害賠償の責を免れる。

　以上のように、事業主の災害補償責任を担保する形で労災保険法がありますので、労災保険料は全額事業主負担となっているわけです。

この点は、保険料が労使折半となっている健康保険との大きな相違点です。

　労災保険は、農林水産業等の暫定任意適用事業場を除いて、労働者を1人でも使用する事業場は加入しなければならないことになっています。

　労災保険と雇用保険を総称して「労働保険」と呼ぶことはご存知かと思います。雇用保険の場合は、被保険者資格を満たす労働者を特定しての資格取得・喪失の手続きが必要となっていますが、労災保険の場合は、労働者を特定して保険適用するのではなく、労災保険事故が発生したときに、その事業場に使用されている労働者であれば労災保険給付の対象となりますので、今日雇われて仕事に就き、その日にケガをしたとしても、労災保険給付を受けることができます。

　労災保険には健康保険と同じように様々な保険給付がありますが、「仕事による、又は通勤によるケガ、仕事が原因での病気などを対象として」保険給付が行われます。健康保険法と同様に条文を見てみると、第1条で「労働者災害補償保険は、業務上の事由、事業主が同一人でない二以上の事業に使用される労働者の二以上の事業の業務を要因とする事由又は通勤による労働者の負傷、疾病、障害、死亡等に対して迅速かつ公正な保護をするため、必要な保険給付を行い、（以下略)」と書かれています。

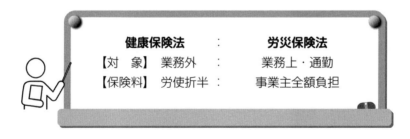

　さて、健康保険と労災保険を対比してお話してきましたが、何かご質問はありませんか。

　先日、会社の階段で足をひねった社員がいました。家に帰ってから病院に行ったようで、医師から足首の捻挫だと言われたとのことで、翌日、湿布を貼り包帯を巻いて出社してきました。おそらく健康保険でかかったと思うのですが、労災保険の扱いにしなければならなかったのですね。病院でどのようなやり取りをしたのかを確認する必要があるのでしょうか。

高橋
社労士

　そうですね。会社の階段で足をひねってしまったのであれば、仕事中の負傷として労災保険での取扱いにしなければなりません。健康保険でかかってしまっていたとしても、労災保険扱いに切替えができますので、とりあえずご本人に確認してください。
　労災保険への切替えについては、後ほどご説明します。

　今のご質問のように、労災保険という制度を知らずに、当然のように病院の窓口で健康保険証を出して治療代の一部を負担するということは、実際はよくあることかもしれません。

　例えば、以下のような場合です。

　ある社員が出勤時に、自宅マンションの出入口の階段で足元を滑らせて転倒してしまい肘を強打した。

　彼はすぐに部屋に戻り、近くの整形外科を探して受診し、窓口で初診だと言って健康保険証を受付で渡した。マンションの階段で転倒したと説明してレントゲンを撮ってもらったところ、骨折が判明し、3週間〜1カ月は会社を休まなくてはならない状況になってしまった。

　彼は自宅に戻って会社へ電話し、「マンションの階段で転倒し、打ち所が悪かったので骨折してしまった。しばらく休まなくてはならない」と話した。

　彼は健康保険で受診しており、3割の自己負担をしている。

　また、1カ月休んだため、傷病手当金の手続きをして、報酬の3分の2の給付を受けた。

本人は何の疑問なく健康保険での手続きを行っていますし、会社としても申請通りの手続きを行っているため、特に問題になることもないと思います。

　では、彼が会社へ連絡したときに、会社の担当者が状況を確認のうえ、「それは労災保険の通勤災害に該当するため、健康保険でかからないようにしてください。病院には『労災なので次回受診日に請求書を持参します』と言うようにしてください」と説明できたらどうでしょう。労災事故（通勤災害）として手続きを行えば、通院、入院にあたっての自己負担はありませんし、１カ月の休業期間については労災の休業給付であれば、支給額は報酬の80％になります。この例では１カ月の療養、休業でしたが、数カ月に及ぶような場合だと、その差は非常に大きいものになります。

　このように考えると、研修前に専務が「労災に該当するような災害が発生してしまった場合、状況に応じて迅速に、かつ正しい請求手続き、社内手続きが必要であって、そのためには皆さんに担当者として正しい知識を持っていただくことが重要であると考えています」と仰った意味がおわかりになると思います。ぜひ、今回の研修を通して労災保険の仕組みを理解していただき、今後の事務処理の適正化に役立てていただきたいと思います。

先ほどの労災保険の説明で、「事業主が同一人でない二以上の事業に使用される労働者の二以上の事業の業務を要因とする事由」に対する保険給付という言葉がありました。労災保険については、業務災害、通勤災害に対しての保険給付が行われるものと理解していたのですが。

高橋
社労士

　いいところに気が付いていただきました。
　令和2年9月1日の労災保険法改正によって、複数の会社等に雇用されている労働者の方、複数事業労働者といいますが、その方に対しての労災保険給付について改正があり、一定の傷病（現状のところ脳・心臓疾患と精神障害）について1つの事業場で労災認定できない場合であっても、事業主が同一でない複数の事業場の業務上の負荷、労働時間やストレスなどを総合的に評価して労災認定できる場合は「複数業務要因災害」として保険給付が受けられることとなりました。
　「複数事業労働者」に対する保険給付については、後ほど（第3章）で説明します。

　給付の対象が健康保険（業務外）と労災保険（業務上、通勤途上）で異なるということについてはわかりました。説明していただいた他に、大きな相違点はありますか。

高橋
社労士

　いくつもあるのですがその他の大きな相違点は、
①　労災保険においては、死亡、障害に対する給付において年金の支給もありますが、健康保険には年金制度はありません。
②　健康保険には「被扶養者」という概念がありますが、労災保険には「被扶養者」という概念はありません。
③　健康保険では社長も被保険者となりますが、労災保険は原則労働者のみが対象です。
（例外：特別加入制度）

Ⅱ 労災保険制度の概要

次に、労災保険が適用されるための事業の考え方、適用の仕組みについて解説していきます。

1 適用事業

① 保険関係の成立

労災保険は労働者を使用するすべての事業に適用されますが、適用されない事業もあります。適用されない事業とはどのような事業でしょうか。

「労働者を使用する事業が適用事業」ということを逆に言えば、「労働者を1人も使用していない事業は適用事業にはならない」ということになりますし、国の直営事業、官公署の事業も労災保険法が適用されない事業になります。また、労災保険への加入が任意となっている「暫定任意適用事業」もありますが、ここでは説明を省略させていただきます。

適用事業の労災保険関係は、労働者を使用して事業を開始した日に自動的に成立することになります。例えば、昨日まで代表者1人で切り盛りしていた喫茶店で店員を1人でも雇ったら、その日に労災保険にかかる保険関係が成立するということですので、事業主としては、保険関係成立に伴う必要な手続きを行わなければならないということになります。

> 「店員を１人でも雇ったら」ということですが、フルタイムの従業員ではなく、ランチタイムの３時間だけパートの人を雇うことにしたとしても適用事業場になるということでしょうか。

高橋
社労士

> 「労働者」は、常用のフルタイムの者だけをいうのではなく、パートタイマー、アルバイト、日雇い等の雇用形態や職種にかかわらず、事業に使用される者で、労働の対価として賃金を受けるすべての者をいいますので、１日３時間だけのパートの人も例外ではありません。その方を雇い入れた日から適用事業場となります。

　保険関係は自動的に成立しますので、事業主が労働基準監督署での保険関係成立に対する手続きを行わなかったとしても、適用事業場となっています。ということは、その店員に労災事故があれば、労災保険の所定の保険給付は行われるということです。労災保険の手続きをしていないため、健康保険による保険給付を受けなければならないということではありません。

＊労働保険成立手続きと労災保険給付について（費用徴収制度）

　労災保険の成立手続きを行っていなかった場合でも保険給付は受けられるということですが、手続きを怠っていた事業主への罰則はないのでしょうか。

高橋
社労士

　保険関係成立の手続きを行っていない期間内に保険給付の対象となる災害が発生してしまった場合、
○　労働基準監督署等から保険関係成立届の提出について指導を受けていたにもかかわらず提出を行っていなかった場合には、「故意」と認定され、対象となる保険給付の額の100%が事業主から徴収されることになります。
○　労働基準監督署等から指導を受けた事実はないものの、保険関係成立から１年を経過しても提出を行っていなかった場合には、「重大な過失」と認定され、対象となる保険給付の額の40%が事業主から徴収されることになります。

　厚生労働省リーフレットには、下記のような費用徴収の実施例が紹介されています。

　A社では、今まで労災事故を発生させたことがなく、また保険料の支払いが負担になることから、労災保険の加入手続を行っていなかった。
　ところが、先般従業員B（賃金日額10,000円）が労災事故が原因で死亡し、遺族に対し労災保険から遺族補償一時金の支給が行われた。

このようなケースでは、以下の通り費用徴収が行われることとなります。

【故意と認定された場合】
　労災事故が起こる以前にA社が都道府県労働局の職員から労災保険

の加入手続きを行うよう指導を受けていたにもかかわらず、その後も労災保険の加入手続きを行わなかった場合は、「故意」により手続きを行わないものと認定され、保険給付額の100％の金額が費用徴収されることになります。

［費用徴収の額］

　遺族補償一時金の額（10,000円×1,000日分）×100％＝10,000,000円

【重大な過失と認定された場合】

　A社について、労災事故が起こる以前に労災保険加入手続きを行うよう指導を受けた事実はないものの、労災保険の適用事業場となった時から1年を経過して、なお手続きを行わない場合には、「重大な過失」により手続きを行わないものと認定され、保険給付額の40％の金額が費用徴収されることになります。

［費用徴収の額］

　遺族補償一時金の額（10,000円×1,000日分）×40％＝4,000,000円

②　事業の適用単位

　御社の場合、東京に本社があって仙台と大阪、福岡に支店がありますが、労災保険の適用は、一法人としての本支店を含めた全体での適用になるのでしょうか。

　厚生労働省の通達では、「一定の場所において、一定の組織の下に相関連して行われる作業の一体」が事業であるとなっています。「一定の場所において」ということですから、場所的に独立されていればそれぞれが適用事業ということになり、本社、支店それぞれが個別の適用事業場ということになります。

　なお、場所的に独立して行われている事業単位で保険関係が成立するのが原則ですが、例外として、複数の事業を一括して保険関係が成立するものがありますので、簡単にご説明します。

ア　有期事業の一括

　例外の1つ目は、有期事業の一括扱いです。

適用事業は、継続事業と有期事業に区分されます。一般的な会社、工場、商店など継続して事業が行われているものを継続事業といい、建設事業のように期間が決められて行われている事業を有期事業といいます。建設の事業は、その建設現場で、例えば「○○ビルを新築する」という事業を始期、終期が決められたうえで行われています。前述したように、「一定の場所において、一定の組織の下に相関連して行われる作業の一体」が事業ですので、そのビル新築工事現場が1つの適用事業場ということです。

> 　私の自宅近くでマンションの建設が始まったのですが、その現場が1つの事業場ということなんですね。
> 　そういえば、現場に「労災保険関係成立票」というのが掲げられているのを見たことがあります。

**高橋
社労士**

> 　そうですね。建設の事業の事業主は、事業が行われている現場に「労災保険関係成立票」を掲げなければいけないということになっています。
> 　労働保険番号、事業の期間、事業主、注文者等が記入されていますので、一度立ち止まってよく見てみるとよいですね。

　有期事業は、その開始時に保険関係が成立し、その事業終了をもって保険関係が消滅するのですが、小規模の事業までその都度、成立・消滅の手続きを行うと、事務が煩雑になります。そのため、一定要件の有期事業は一括することによって、継続事業と同じような取扱いにするというものが「有期事業の一括」です。これは申請によって行われるものではなく、要件に当てはまる有期事業は当然に一括の扱いになるということです。

イ　請負事業の一括

　2つ目は、請負事業の一括扱いです。

　有期事業は、一般的には請負関係の下で行われることが多いです。元請の下に、一次下請、二次下請というように複数の事業場の労働者が1つの事業に携わっているというのが普通です。このような請負関係の下で行われている建設の事業については、元請の事業主がその事業における事業主ということになります。この扱いを「請負事業の一括」といいます。

請負事業の一括

●●ビル新築工事
元請：○○建設（株）
一次下請：△△組
二次下請：××工務店

　この工事現場（事業場）では○○建設（株）の事業主が全体の事業主となり、△△組、××工務店の労働者も○○建設に使用される労働者とみなされることになります。

　建設事業などの有期事業では、元請の事業主が、その現場（事業場）の事業主になるということですが、下請の会社は保険関係の成立手続きの必要はないということですか。

高橋
社労士

　仰る通りです。元請が保険関係の手続きを行い、労災保険料の申告・納付も行います。
　「請負事業の一括」という取扱いも、認可・申請によるものではなく、当然に一括の扱いになるものです。

ウ　継続事業の一括

　最後に、継続事業の一括扱いについてです。

　継続事業は事業を行う期間が決まっていないため、事業を継続している限り、毎年一定の手続きを行っていく必要があります。労働保険の年度更新というのをご存知だと思いますが、これは、毎年、労働保険料の申告・納付について申告書の提出を行うものです。

　本社、支店それぞれが個別の適用事業場ですので、この年度更新手続きも、本社、支店それぞれで行うことが必要ですが、事業主が同一で、適用される業種が同じであるならば、給与関係事務が本社で行われているとか、社会保険関係の事務処理を本社で行っているような場合は、認可を受けることによって複数の労災保険関係を1つにまとめて申告・納付をすることができます。この扱いを「継続事業の一括」といいます。

　しかし、忘れてはならないのは、この継続事業の一括について認可を受けたとしても、労働保険料の申告・納付についての一括が認められただけであって、労災事故があって労災保険の給付請求書を提出する場合は、それぞれの所在地を管轄する労働基準監督署へ提出する必要があるということです。

　我が社の場合、継続事業の一括認可は受けていますので、年度更新は東京でまとめて行っています。総務部門が東京にあるという理由ですが、労災が発生した場合も手続きは東京で行うとしても、請求書の提出はそれぞれの支店所在地にしなければならないということですか。

高橋
社労士

　その通りです。保険給付を行うのはそれぞれの事業場を管轄する労働基準監督署ですので、全国の支店の保険給付にかかる事務を、本社の管轄労働基準監督署で行うことはできません。請求書の作成、事業主証明を本社で行ったとしても、被災した労働者が所属する支店を管轄する労働基準監督署へ提出してください。

② 労災保険料の仕組み

　政府は、労災保険の事業に要する費用に充てるために、労災保険料を徴収することになります。

　労災保険料は、原則として事業の支払う賃金総額に労災保険率を掛けて算出することになっています（234ページ巻末資料「労災保険率表」参照）。

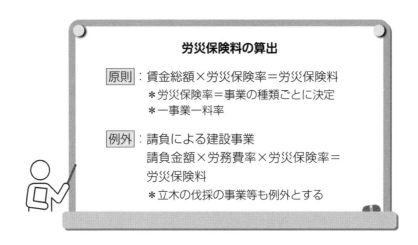

労災保険料の算出

原則：賃金総額×労災保険率＝労災保険料
　　　＊労災保険率＝事業の種類ごとに決定
　　　＊一事業一料率

例外：請負による建設事業
　　　請負金額×労務費率×労災保険率＝
　　　労災保険料
　　　＊立木の伐採の事業等も例外とする

＊メリット制について

　労災保険率は、事業の種類ごとに一定の率が定められていますが、業務災害の発生防止努力を促す意味も含めて、個別に保険率を上下させており、これをメリット制といいます。労働災害が1件でも発生すると、直ちに労災保険率に跳ね返ってしまうのではないかと勘違いしている会社も多いのですが、メリット制の適用には、会社の規模、事業の継続期間等の要件があります。

メリット制

　個別事業ごとに労災保険の収支率を計算して、保険給付の額が特に多い事業の保険率を上げ、少ない事業は低くするもので、災害防止努力を促進することを目的として、事業主の保険料負担の公平を期すために行われるものです。

　保険関係が成立しているすべての事業場に適用されるのではなく、規模が一定以上であり、一定期間継続して労災保険関係が成立している事業に適用されます。

　継続事業においては、次のいずれかの事業について適用され、その事業の過去３年間の保険料の額と保険給付の額との比率（収支率）によって、保険率が一定の範囲内（基本：±40％、例外：±35％、±30％）で上下することになります。

　　①　労働者数が過去３年間とも100人以上の事業

　　②　過去３年間とも20人以上100人未満の労働者を使用する事業であって、災害度係数が0.4以上の事業

　引上げまたは引下げは、メリット収支率算定期間の最後の保険年度の翌々年度の保険率から適用されることになり、この保険率は、都道府県労働局長から事業主に通知されます。

　メリット制の仕組みは、継続事業、一括有期事業、単独有期事業で異なります。

Ⅲ 労災保険給付の概要

　ここまで労災保険の位置付け、事業としての適用単位、保険料等について解説してきましたが、ご理解いただけたでしょうか。

　では、ここからは労災保険給付の話に入っていきましょう。

1 保険給付が受けられる労働者とは

① 労働基準法の「労働者」の判断

　労災保険による補償（給付）を受けられる「労働者」は、労働基準法で規定されている労働者と同義で、「職業の種類を問わず、事業に使用される者で、賃金を支払われる者」とされています。「使用される者」というのは、他人の指揮監督の下で労働する者で、「賃金」とは、賃金、給料、手当、賞与その他名称にかかわらず、労働の対象として使用者が支払うすべてのものをいいます。したがって、労働者であるかどうかは、「使用されて」「賃金が支払われている」かで判断されますので、正規社員だけを指すのではなく、アルバイト、パート、日雇い労働者、季節限定雇用労働者であっても労働者とみなされます。

労災保険の適用を受ける「労働者」とは

○使用者の指揮監督の下で労働し、
○労働の対価として賃金を受ける者

② 「労働者」の判断基準

ア 会社役員

　取締役などの会社の役員は労働者といえるのでしょうか。

　御社においても、総務部長、営業本部長は同時に取締役となっていますが、労災事故が発生した場合に、保護の対象になるのかどうかを考えてみましょう。

　　昨年、取締役営業本部長が取引先を訪問する際に、横断歩道の段差でつまずいてケガをしたのですが、労災保険の請求をしたところ、労働基準監督署から業務執行権の有無などの質問を受けました。結果として給付は受けることができましたが、兼務役員の場合の労働者性有無の判断は、どのようになされているのでしょうか。

高橋
社労士

　　法人の取締役だから「労働者」ではないというわけではなく、業務執行権または代表権を持っているかどうか、労働の対価として賃金を受けているかどうかが判断基準になります。

　株式会社の取締役であっても、定款等の規定による業務執行権を有する者以外の者で、事実上の業務執行権を有する他の取締役の指揮、監督を受けて労働に従事して、その対償として賃金を受けている者は、原則として労働者としての取扱いになります。

　ところが、労働者として取り扱われる取締役等であっても、法人の機関構成員としての職務を行っている際に生じた災害は、労災の保険給付の対象とはならないことになっています。監査役や監事についても、事実上、一般の労働者と同様に賃金を得て労働に従事している場合は、労働者としての取扱いになりますので、労働の実態、報酬の性質によって判断されているということです。

【参考通達】
「職員を兼ねる重役」昭23.3.17基発第461号
「労災保険法における法人の重役の取扱いについて」昭34.1.26基発第48号
「理事に対する労災保険法の取扱い」昭38.5.10基災収第44号の2
「労災保険法における有限会社の取締役の取扱いについて」昭61.3.14基発
第141号

イ　在宅勤務者

　次に在宅勤務者についてです。御社でも、在宅勤務制度を導入して
います。

　テレワーク（在宅勤務、モバイルワーク、サテライトオフィス）を
行う者であっても労働基準法上の労働者に該当する場合、労働基準法、
労災保険法などが適用されます。

　また、テレワーク中にケガをした場合には、労働契約に基づいて事
業主の支配下にあることによって生じた事故である限り、業務上の災
害として労災保険給付の対象となります。

【参考】
「テレワークの適切な導入及び実施の推進のためのガイドライン」（令和3
年3月25日公表）

テレワークをさせた場合でも労災保険の適用となると思いますが、現実に自宅、サテライトオフィス内でケガをしたとしても、仕事中だったのかどうかわからないのではないでしょうか。

高橋
社労士

確かに仕事中のケガだったのか、仕事が原因のケガなのかという疑問は出てくると思います。負傷時の状況を確認したうえで判断されることになると思います。

在宅勤務（テレワーク）に関する規程を整備して、仕事中に発生した災害の対応や、報告体制などについてルール化するとよいでしょう。

　災害発生の際は個別事案としての判断になりますが、「労働者」としての身分であると認められる者であっても、すべて労災扱いになるというものではなく、災害の発生状況から「業務遂行性」「業務起因性」の判断が必要になることはいうまでもありません。

ウ　同居の親族

　先ほど「労災保険制度の概要」（26ページ参照）のところで話に出た喫茶店で、パートで働いているのがマスターの奥さんだとしたら、奥さんも「労働者」となり、労災保険の対象になるのでしょうか。

高橋
社労士

　ご説明した通り、アルバイトでもパートでも事業主との間に労働関係が認められる限り労働者となりますが、労働基準法は同居の親族のみを使用する事業または家事使用人については適用されないことになっています。労災保険法においても同様です。
　同居の親族がその事業場で形式上労働者として働いていたとしても、一般には、事実上事業主と利益を一にしていて、事業主と同一の地位にあると認められるため、原則としては労働者ではありません。
　しかし、同居の親族であっても、常時同居の親族以外の労働者を使用する場合において、労働に従事し、指揮監督に従っていることが明確で、また、労働時間の管理、賃金の決定・支払等からみて、他の労働者と同様の就労実態であるということであれば労働者とみることができます。

【参考通達】
「同居の親族のうちの労働者の範囲」昭54.4.2基発第153号
「同居の内縁の妻」昭24.2.5基収第409号・昭63.3.14基発第150号・平11.3.31基発第168号

エ　外国人労働者

　商店、飲食店等で外国人労働者を見かけることは珍しいことではありません。
　労働災害への対応は、外国人労働者であっても日本人となんら異な

る点はありません。もちろんアルバイトであっても同様です。

通達において、以下のように示されています。

【参考通達】
「日本国内における労働者であれば、日本人であると否かとを問わず、また、不法就労であると否とを問わず（労働関係法令が）適用されるものである」
昭63.1.26基発50号

以上のように、労災の保険給付を受けられるのは「労働者」です。

保険給付は、「労働者」に発生した業務上、通勤途上での負傷、疾病に対して行われることになります。

③ 労働基準法研究会報告

昭和60年に労働基準法研究会報告『労働基準法の「労働者」の判断基準について』が示されています。（以下抜粋）

1 「使用従属性」に関する判断基準
（1）「指揮監督下の労働」に関する判断基準

　　労働が他人の指揮監督下において行われているかどうか、すなわち他人に従属して労務を提供しているかどうかに関する判断基準としては、種々の分類があり得るが、次のように整理することができよう。

イ　仕事の依頼、業務従事の指示等に対する諾否の自由の有無

　　「使用者」の具体的な仕事の依頼、業務従事の指示等に対して諾否の自由を有していれば、他人に従属して労務を提供するとは言えず、対等な当事者間の関係となり、指揮監督関係を否定する重要な要素となる。

　　これに対して、具体的な仕事の依頼、業務従事の指示等に対して拒否する自由を有しない場合は、一応、指揮監督関係を推認させる重要な要素となる。なお、当事者間の契約によっては、一定の包括的な仕事の依頼を受諾した以上、当該包括的な仕事の一部である個々具体的な仕事の依頼については拒否する自由が当然制

限される場合があり、また、専属下請のように事実上、仕事の依頼を拒否することができないという場合もあり、このような場合には、直ちに指揮監督関係を肯定することはできず、その事実関係だけでなく、契約内容等も勘案する必要がある。

ロ　業務遂行上の指揮監督の有無

（イ）業務の内容及び遂行方法に対する指揮命令の有無

　　業務の内容及び遂行方法について「使用者」の具体的な指揮命令を受けていることは、指揮監督関係の基本的かつ重要な要素である。しかしながら、この点も指揮命令の程度が問題であり、通常注文者が行う程度の指示等に止まる場合には、指揮監督を受けているとは言えない。なお、管弦楽団員、バンドマンの場合のように、業務の性質上放送局等「使用者」の具体的な指揮命令になじまない業務については、それらの者が放送事業等当該事業の遂行上不可欠なものとして事業組織に組み入れられている点をもって、「使用者」の一般的な指揮監督を受けていると判断する裁判例があり、参考にすべきであろう。

（ロ）その他

　　そのほか、「使用者」の命令、依頼等により通常予定されている業務以外の業務に従事することがある場合には、「使用者」の一般的な指揮監督を受けているとの判断を補強する重要な要素となろう。

ハ　拘束性の有無

　　勤務場所及び勤務時間が指定され、管理されていることは、一般的には、指揮監督関係の基本的な要素である。しかしながら、業務の性質上（例えば、演奏）、安全を確保する必要上（例えば、建設）等から必然的に勤務場所及び勤務時間が指定される場合があり、当該指定が業務の性質等によるものか、業務の遂行を指揮命令する必要によるものかを見極める必要がある。

ニ　代替性の有無―指揮監督関係の判断を補強する要素―

　　本人に代わって他の者が労務を提供することが認められているか否か、また、本人が自らの判断によって補助者を使うことが認められているか否か等労務提供に代替性が認められているか否かは、指揮監督関係そのものに関する基本的な判断基準ではないが、労務提供の代替性が認められている場合には、指揮監督関係を否定する要素のひとつとなる。

（2）報酬の労務対償性に関する判断基準

　　労働基準法第11条は、「賃金とは、賃金、給料、手当、賞与その他名称の如何を問わず、労働の対償として使用者が労働者に支払うすべてのものをいう。」と規定している。すなわち、使用者が労働者に対して支払うものであって、労働の対償であれば、名称の如何を問わず「賃金」である。この場合の「労働の対償」とは、結局において「労働者が使用者の指揮監督の下で行う労働に対して支払うもの」と言うべきものであるから、報酬が「賃金」であるか否かによって逆に「使用従属性」を判断することはできない。

　　しかしながら、報酬が時間給を基礎として計算される等労働の結果による較差が少ない、欠勤した場合には応分の報酬が控除され、いわゆる残業をした場合には通常の報酬とは別の手当が支給される等報酬の性格が使用者の指揮監督の下に一定時間労務を提供していることに対する対価と判断される場合には、「使用従属性」を補強することとなる。

2　「労働者性」の判断を補強する要素

　　前述のとおり、「労働者性」が問題となる限界的事例については、「使用従属性」の判断が困難な場合があり、その場合には、以下の要素をも勘案して、総合判断する必要がある。

（1）事業者性の有無

　　労働者は機械、器具、原材料等の生産手段を有しないのが通例であるが、最近におけるいわゆる傭車運転手のように、相当高価なトラック等を所有して労務を提供する例がある。このような事例については、前記1の基準のみをもって「労働者性」を判断することは適当でなく、その者の「事業者性」の有無を併せて、総合判断することが適当な場合もある。

イ　機械、器具の負担関係

　　本人が所有する機械、器具が安価な場合には問題はないが、著しく高価な場合には自らの計算と危険負担に基づいて事業経営を行う「事業者」としての性格が強く、「労働者性」を弱める要素となるものと考えられる。

ロ　報酬の額

　　報酬の額が当該企業において同様の業務に従事している正規従業員に比して著しく高額である場合には、上記イと関連するが、一般的には、当該報酬は、労務提供に対する賃金ではなく、自ら

の計算と危険負担に基づいて事業経営を行う「事業者」に対する代金の支払と認められ、その結果、「労働者性」を弱める要素となるものと考えられる。

ハ　その他

　以上のほか、裁判例においては、業務遂行上の損害に対する責任を負う、独自の商号使用が認められている等の点を「事業者」としての性格を補強する要素としているものがある。

（2）専属性の程度

　特定の企業に対する専属性の有無は、直接に「使用従属性」の有無を左右するものではなく、特に専属性がないことをもって労働者性を弱めることとはならないが、「労働者性」の有無に関する判断を補強する要素のひとつと考えられる。

イ　他社の業務に従事することが制度上制約され、また、時間的余裕がなく事実上困難である場合には、専属性の程度が高く、いわゆる経済的に当該企業に従属していると考えられ、「労働者性」を補強する要素のひとつと考えて差し支えないであろう。なお、専属下請のような場合については、上記1（1）イと同様留意する必要がある。

ロ　報酬に固定給部分がある、業務の配分等により事実上固定給となっている、その額も生計を維持しうる程度のものである等報酬に生活保障的な要素が強いと認められる場合には、上記イと同様、「労働者性」を補強するものと考えて差し支えないであろう。

（3）その他

　以上のほか、裁判例においては、①採用、委託等の際の選考過程が正規従業員の採用の場合とほとんど同様であること、②報酬について給与所得としての源泉徴収を行っていること、③労働保険の適用対象としていること、④服務規律を適用していること、⑤退職金制度、福利厚生を適用していること等「使用者」がその者を自らの労働者と認識していると推認される点を、「労働者性」を肯定する判断の補強事由とするものがある。

2 保険給付の対象になる保険事故とは（負傷）

どのような場合が業務災害や通勤災害になるのかということを、以下でまず、「負傷」事故について考えていきましょう。

① 業務災害

業務災害として労災保険給付の対象となるのは、災害発生時に事業主の支配・管理下にあったこと（業務遂行性）と、業務が原因となって災害が発生したこと（業務起因性）が認められる災害です。

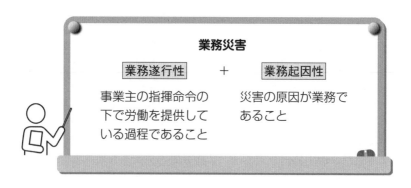

所定労働時間内、もしくは残業中、事業場内で業務に従事している中での災害、例えば、飲食店の厨房で調理を担当していた労働者が包丁で指を切ったとか、建設現場で労働者が足場から落ちてしまったような災害は、まぎれもなく業務災害ということになりますが、以下で「こういう場合はどうなの？」という迷いがちな事例の判断基準についてご説明します。

ア 業務付随行為中

〈作業中断中の災害〉

例）トイレのため席を離れている際の災害

　労働者は、業務（仕事）中であってもトイレなどの行為によって一時的に担当業務から離れる場合があります。これら直接業務を行っていない時間についても、生理的必要性によるものであり、労

働者として避けられないものは、通常、誰でも行う行為として業務行為に付随する行為と捉えることができます。したがって、その間も業務遂行性は否定されるものではなく、その行為（作業中断）中における災害も業務に起因した災害ということになります。

　しかし、その作業中断が当該労働者の恣意的行為や私的行為によるものであれば、業務に付随する行為と認められない場合もあります。

〈作業に伴う準備行為または後始末行為中の災害〉
例）業務行為の前後における更衣室内、器具、作業環境の整備中の災害

　労働者の業務行為の前後には、必要な準備行為、後始末行為が含まれるのが一般的ですが、これらの行為は業務行為に当然に付随する行為、業務行為の一環として捉えることができます。したがって、業務と接続して行われる一連の準備行為・後始末行為中の災害は、〈作業中断中の災害〉と同様の判断が行われることになります。

> 朝、更衣室内で着替え中のケガも業務中のケガと判断されるわけですね。

高橋
社労士

> 朝、更衣室で着替えるのは、就労するために行う準備行為ですので、更衣室のロッカーで、例えば指を挟んでしまった場合などは業務災害となります。

【参考通達】
「事業場施設内における退勤行為中の災害の業務上外」昭50.12.25基収第1724号

イ　休憩時間中

例）事業場外のレストランで食事中の災害、事業場施設内で過ごしている際の災害

　休憩時間中は、原則として自由行動が許されていることから、その時間帯における個々の行為は私的行為となりますので、例えば、事業場外のレストランへ食事に出かけ、当該レストランの階段で負傷した場合は業務上の災害とはなりません。

　しかし、事業場施設内で行動している場合には、事業主の支配下にあると判断され、事業場施設において就業中だとすれば業務行為となる生理的必要行為、合理的行為等と同様と判断され、事業場施設に起因しての災害として業務災害になります。

　　これからは弁当を買って自席で食べたいと思いますが、自分でお茶を入れるときに備え付けの給湯器で火傷してしまったとしても、施設利用中のケガとされるわけですね。

高橋
社労士

　　事務室内に備え付けてある給湯施設も事業場施設ですので、利用にあたって負傷したとすれば業務災害と判断されます。

　　昼休み中に屋外でバレーボールをしていて誤って窓ガラスを割ってしまい破片でケガをしてしまった場合には、事業場施設でのケガとなるのですか、自由行動中のケガという判断になりますか。

高橋
社労士

　　事務所の窓ガラスでのケガではありますが、窓ガラスに不備があったわけではないことからすれば自由行動中のケガとして扱われるものと思います。

ウ　出 張 中

例）出張先のホテル内で浴室への移動中の災害、出張中の空き時間を利用して隣県の観光地を訪問中の災害

　一般的に出張は、事業主の命令により特定の用務を遂行するために、通常の勤務地を離れて任地に赴いてから用務を終えて戻るまでの一連の過程をすべて含むといえますので、出張過程の全般について事業主の支配下にあるとされ、その過程全般に業務遂行性があることになります。したがって、その間の個々の行為が、出張に当然に伴う範囲（必要な移動、食事、宿泊等）である限り業務遂行性が認められますので、その間の行為中の負傷には業務起因性も認められます。

　しかしながら、積極的な私用・私的行為・恣意的行為中における災害、例えば、順路を逸脱しての観光中とか、映画を見に行っている間の負傷などは業務遂行性が否定されることになります。

> 出張中においては、ホテルでの入浴中など、一見私的行動中でも業務中ということになるのですか。

高橋
社労士

> その通りです。ホテルに宿泊するという行為が出張業務を行う過程に必要となっているならば、ホテル内での負傷も業務災害となります。

私はいつも大阪への出張の帰りには京都で下車して2～3時間程度時間を潰すのですが、その間は私的行為中だとしても、改めて東京に向けて新幹線に乗った段階からは「出張中」という考え方でよいでしょうか。

高橋
社労士

　出張中に業務と関連のない、例えば寺院巡りをするというようなことは、その間、事業主の支配下を離れているということになります。しかし、改めて本来の帰路に就いたならば、その時点から出張業務に戻ったという解釈でよいと思います。

　しかし、私的行為に費やした時間が長かったり、その間に飲酒をして泥酔しているような場合、その後の帰路については業務遂行性が否定されることも想定されます。

【参考通達】
「自宅から直接用務地へ向かう途中の事故」昭24.12.15基収第3001号
「出張地外で催し物を見学しその帰途において生じた自動車事故」昭27.12.1基収第4772号

エ　天災地変

　暴風雨、地震、落雷等の天災地変は、それ自体は業務とは関係のない自然現象ですので、それに起因する災害は基本的には業務起因性がないということになりますが、業務を行う状況が、天災地変による災害を被りやすい事情にあると認められるもの、例えば、土砂崩れ、落雷、出水等、天災事変に際して被災する可能性が高い作業環境、作業条件等の下で被災した場合は、業務に伴う危険が具現化して発生したものとして、業務起因性が認められることになります。

　原則的には上記のような考え方での業務上外の判断になりますが、天災地変の規模によっては、危険な業務上の環境になかったとしても同じように被災する場合もあり、業務起因性を広く捉えることもあり

ます。

　なお、平成23年３月に起こった東日本大震災の際に厚生労働省から発出された業務災害・通勤災害の考え方は、平成７年１月30日付「兵庫県南部地震における業務上外の考え方について」に基づき、業務上外および通勤上外の判断が行われました。

平成７年１月30日事務連絡第４号
「兵庫県南部地震における業務上外等の考え方について」
１　業務上外等の基本的な考え方について
　　天災地変による災害に係る業務上外の考え方については、従来より、被災労働者が、作業方法、作業環境、事業場施設の状況等からみて危険環境下にあることにより被災したものと認められる場合には、業務上の災害として取り扱っているところであり、(略)。
　　したがって、今回の地震による災害についても、従来からの基本的な考え方に基づいて業務上外の判断を行うものであること。
　　なお、通勤途上の災害についても、業務災害と同様、通勤に通常伴う危険が現実化したものと認められれば、通勤災害として取り扱うものであること。

【参考通達】
「伊豆半島沖地震に際して発生した災害の業務上外について」昭49.10.25基収第2950号

オ　行事等の参加中（レクリエーション・運動競技会等）

例）支店対抗野球大会に参加中の災害、人事異動に伴う歓送迎会に出席中の災害

　業務上の事由による災害とされるためには、当該運動競技会、宴会等が「業務行為」といえなければなりません。運動競技会に伴う災害の業務上外の認定については、通達（平12.5 .18基発第366号）によってその判断要件が示されており、要件を満たすものの場合は

「業務行為」であると認められることになります。

　宴会、懇親会等の各種催しについては、個別事案として当該行事の目的や、参加方法、費用負担等によって「業務行為」であるかどうかの判断が行われることになりますが、よほどの背景がない限り、業務遂行性が否定されるのが一般的といえます。

　しかし、各種催しの実施にあたっての世話役（事業場の総務担当、厚生担当者等）は、業務として出席している場合においては、業務遂行性が認められることになります。

　　このところ、あまり行われていなかった、いわゆる接待ゴルフが復活し始めたのですが、仕事上の必要性があったとしても「業務」とは認められないと考えるべきですか。

高橋
社労士
　　取引先との事業展開の中で、ゴルフや飲食等の接待が行われますが、参加する労働者にとっては「業務」としての参加であっても、個別の事例として「業務中」という判断を期待するのは非常に難しいと思います。

【参考通達】
「運動競技に伴う災害の業務上外の認定について」平12.5.18基発第366号

カ　暴行による災害

例）駅員が乗客から受けた暴行による災害、同僚と一緒に作業をしていた際に同僚から受けた暴行による災害

　労働者は、人間同士で組織となって様々な業務を行っていますので、その中で業務に関連して一方的に暴力を受けたり、業務に伴う対人関係の中で暴行を受ける場合もあります。その場合、災害の原

因が業務にあって、業務と災害の間に相当因果関係があれば、その災害は業務起因性が認められて業務災害ということになりますが、業務に起因しているのかが明確でない場合は、個別事案によって災害発生の経緯、業務との関連性が判断基準になります。

また、業務に起因しての暴行にみえても、加害者・被害者間の私的関係による、いわゆる「喧嘩」とみられるような場合は、業務起因性が否定されることになります。

> 前日のプライベートのやり取りを根に持った者が翌日になっても感情を抑えられずに、仕事中に暴行に至ってしまったような場合は、「業務によるもの」ではないということになるわけですね。

高橋
社労士

> そうですね。いくら暴行が行われたのが仕事中だとはいえ、原因が業務に関連していないのであれば業務上の災害とはいえません。

【参考通達】
「建設部長が大工に殴打されて負傷した場合」昭23.9.28基災発第167号
「勤労係長が労働者に殴打されて負傷した場合」昭23.9.28基災発第176号
「寮長が寮生から暴行を受けた場合」昭25.3.29基収第115号
「事業附属施設内で就寝中の工場長が元従業員に殺害された場合」昭34.5.19基収第2960号

ここまで業務災害の負傷について労災認定の考え方を解説してきましたが、併せて確認しなければいけないことがあります。

＊労働者死傷病報告について

業務災害が発生した場合、労災保険の給付手続きとは別に、管轄の労働基準監督署に対する報告書の提出義務があります。「労働者死傷

病報告」というもので、労働安全衛生法の規定により、提出が義務付けられています。

　これは、死亡または休業4日以上の災害と、休業1日〜3日の災害によって手続きが異なります。「労働者死傷病報告」の未提出および虚偽の報告は「労災かくし」とされ、労働基準監督署で厳しく対処しており、義務違反には罰則もある重要な手続きですので気を付けてください。

　休業がなかった場合は報告書の提出は不要です。

　　派遣労働者が社内で被災した場合、「労働者死傷病報告」の提出は必要でしょうか。

？

高橋
社労士

　　派遣労働者が派遣先において被災した場合、派遣元事業主はもちろん、派遣先も「労働者死傷病報告」を提出しなければならないことになっています。

労働者死傷病報告

　労働者が労働災害その他就業中または事業場内もしくはその附属施設内における負傷等により死亡、または休業したときは、遅滞なく所定の様式による報告を労働基準監督署長に提出しなければなりません。

　＊提出は労災事故に限定されていない。

○死亡または休業4日以上の災害

　被災者が死亡、またはケガのために4日以上休業した場合「労働者死傷病報告」（様式第23号）を、災害の都度遅滞なく提出しなければなりません。

○休業が1日〜3日の災害

　四半期ごとにまとめて「労働者死傷病報告」（様式第24号）を最後の月の翌月末日までに提出します。

　労働者死傷病報告も労災保険としての手続きの1つだと思っていましたが違うのですね。労災請求していても、労災としての認定を受けていない事案はどのように考えればよいですか。

高橋
社労士

　労働者死傷病報告は、労働安全衛生法の規定に基づいて報告を義務付けているもので、労働災害の実態の把握と分析を行うことによって、問題点、規制の必要性等について認識するためのものです。労災保険給付に伴って提出するものではなく、提出は労災事故に限定されていませんので、労災かどうかわからないという事故についても報告することになります。

では、次に通勤災害について見ていきましょう。

②　通勤災害

通勤災害として、労災保険給付の対象となるのは、言葉通り「通勤」による災害です。

しかし、会社に向かっているから「通勤」、会社からの帰り道だから「通勤」というわけではありません。

「通勤」といえるのは、次の3つだけです。

○住居と就業の場所との間の移動

> 住居 ⇔ 就業の場所

○厚生労働省で定める就業の場所から他の就業の場所への移動

> 住居 ⇒ （最初の）就業の場所 ⇒ （次の）就労の場所 ⇒ 住居

○住居と就業の場所の間の往復に先行、または後続して行う住居間の移動

> 赴任先（帰省先）住居 ⇔ 帰省先（赴任先）住居

具体的には、以下のように定められています。

労災保険法第7条第2・3項より

通勤とは「労働者が」「就業に関し」「住居と就業の場所との間を」「合理的な経路及び方法により」往復すること。

労働者が移動の経路を逸脱し、もしくは移動を中断した場合においては、当該逸脱または中断の間およびその後の移動は通勤とはしない。

ただし、当該逸脱または中断が日常生活上必要な行為であって厚生労働省令で定めるものをやむを得ない事由により行うための最小限度のものである場合は、当該逸脱または中断の間を除き、この限りではない。

厚生労働省のリーフレットでは、通勤の形態、範囲について次ページの図のように説明しています。

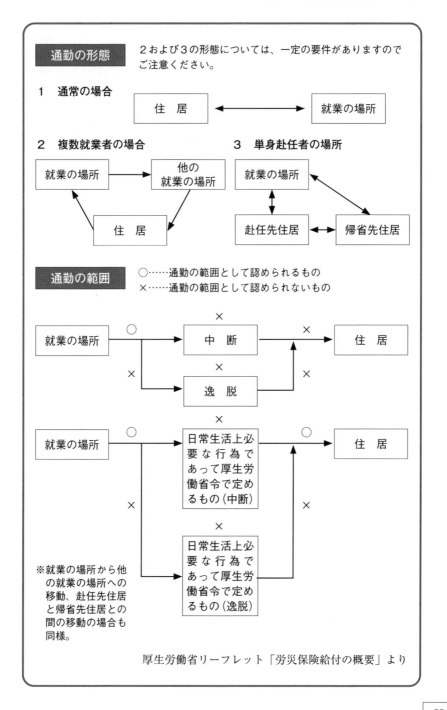

通勤の形態

2および3の形態については、一定の要件がありますので
ご注意ください。

1　通常の場合

住　居　⟷　就業の場所

2　複数就業者の場合

就業の場所　→　他の就業の場所
就業の場所　↑　　　↓
住　居

3　単身赴任者の場所

就業の場所
赴任先住居　⟷　帰省先住居

通勤の範囲

○……通勤の範囲として認められるもの
×……通勤の範囲として認められないもの

就業の場所　○　→　中　断　×　→　住　居
　　　　　×　→　逸　脱　×

就業の場所　○　→　日常生活上必要な行為であって厚生労働省令で定めるもの（中断）　○　→　住　居
　　　　　×　→　日常生活上必要な行為であって厚生労働省令で定めるもの（逸脱）　×

※就業の場所から他の就業の場所への移動、赴任先住居と帰省先住居との間の移動の場合も同様。

厚生労働省リーフレット「労災保険給付の概要」より

通勤災害の要件

① 「通勤」に該当する移動であること
② 就業に関するものであること
③ 合理的な経路・方法であること
④ 移動途中で逸脱・中断がないこと
（＊例外あり）
⑤ 業務の性質を有するものではないこと

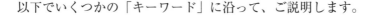

以下でいくつかの「キーワード」に沿って、ご説明します。

ア 「就業に関し」の解釈

「就業に関し」とは、当該往復行為が「業務に就くため」または「業務を終えたこと」によって行われるものでなければならないということです。

〈出勤の場合〉

　就労日に始業時刻を目途に就業の場所へ向かう場合はもちろん、寝過ごしによる遅刻などで始業時刻に間に合わないような時間帯での移動であっても、就業との関連性は認められます。

　しかし、午後からのシフトであるにもかかわらず、朝から出勤するなど、所定の始業時刻とかけ離れた時刻における移動行為は、就業との関連性は認められないことになります。

〈退勤の場合〉

　終業後に直ちに住居へ向かう場合はもちろん、体調が悪くて終業時刻前に早退するなどの場合であっても、就業との関連性に問題はありませんが、業務終了後に事業場内に滞在してサークル活動、組合活動等に出席してから帰るというような場合には、その滞在時間が長時間になると、「業務を終えたこと」によるものと認められな

いことになります。

　　就業後に、数10分程度、会社に何となく残っていることがありますが、あまり長く滞在すると、その後まっすぐ帰るにしても通勤行為にはならないということですか。

高橋
社労士

　　業務終了後に業務以外の用務で滞在していた場合の帰路での災害について、認定事例から判断すると「２時間」以内なら「業務を終えての帰宅」となるようです。
　　しかし、２時間以内なら大丈夫だと断言はできません。会社に滞在している間の状況等も判断材料になるものと思います。

　　出勤するつもりで家を出たところ、途中で気分が悪くなり、会社へ休むと連絡をして家へ帰る途中でのケガは通勤災害にならないということですか。

高橋
社労士

　　通勤の途中で休みをとることにして引き返す場合、業務を終えての帰路ではないため就業との関連性はないという判断になってしまいます。

【参考通達】
「労働者災害補償保険法の一部を改正する法律等の施行について」昭48.11.22基発第644号・平３.２.１基発第75号
「就業開始前に労働組合の集会に参加するため、通常の出勤時刻より早く会社に向かう途中の災害」昭52.９.１基収第793号
「業務終了後、事業場施設内で労働組合の用務を行った後、帰宅する途中の

災害」昭49.3.4基収第317号

「業務終了後、事業場施設内で慰安会を行った後、帰宅する途中の災害」昭49.8.28基収第2533号

「業務終了後、事業場施設内でサークル活動を行った後、帰宅する途中の災害」昭49.9.26基収第2023号

「業務終了後、事業場施設内で長時間過ごした場合の帰宅途上の災害」昭49.11.15基収第1881号

「帰路、再び就業の場所へ戻る方向で発生した交通事故による死亡災害」昭49.11.27基収第2316号

イ 「住居」の解釈

「通勤」とは、住居と就業の場所の間の移動のことをいいますので、住居が起点、終点でなければなりません。住居は、一般的には労働者が居住している家屋等の場所を指しますが、様々な事情から本来の住居以外の場所から出勤する、本来の住居以外の場所へ帰るということがあります。

例えば、通常は、家族の住む場所から出勤する労働者が、長時間の残業や早出の場合だけのために別にアパートを借りて、そこから出勤することもあると思いますが、そのような場合は、アパート、家族の住む場所の双方がその労働者の住居であると認められます。その他、電車事故や台風等によって帰宅困難になってしまい、緊急的に会社近くのホテルに宿泊するような場合も、やむを得ない事情で住居の場所が移ったとして、当該宿泊先が住居と認められることになります。しかし、飲食後に友人宅に泊まってしまって、そこから出勤する場合などは、住居からの通勤とは認められないことになります。

また、通勤がどこから始まるのかということについて、住居との境界が問題になります。住居から一般公衆が自由に往来・通行できる場所へ出た時点より通勤が始まることになりますので、一戸建ての場合は門扉等が境界となり、マンションやアパート等では、個人の部屋のドアが境界となると判断されます。

どこでケガをしたのかというのが問題になりますが、オートロック付きのマンションの場合は、自室の玄関でなく、マンションの建物を出てからが通勤ということですか。

高橋
社労士

　マンションについては、自室の玄関のドアが住居と通勤経路との境界となります。ドアを出た時点から一般の通行の用に供される場所となるという判断です。オートロック付きのマンションであっても、同様に自室のドアが境界とされています。

【参考通達】
「アパートの階段における転倒事故」昭49.4.9基収第314号
「一戸建ての屋敷構えの住居の玄関先における転倒災害」昭49.7.15基収第2110号
「夫の看護のため、姑と交替で1日おきに寝泊りしている病院から出勤する途中の災害」昭52.12.23基収第981号

ウ　「就業の場所」の解釈

　「就業の場所」とは、業務を開始する場所、業務が終了した場所をいいます。会社などの本来の業務を行う場所以外に、取引先において打合せや会議をして、その会議の場所から帰宅する場合などは、その取引先が「業務が終了した場所」ということになります。

　エリアを担当して外勤業務を担当する労働者において、住居から担当エリアに向かい、最初の用務先へ到着し、最後の用務先から直接住居へ帰る場合は、「住居 ⇒（通勤）⇒ 最初の用務先 ⇒（業務行為）⇒ 最後の用務先 ⇒（通勤）⇒ 住居」となります。

先日、担当課長会議があったため、終了後、打上げを兼ねて飲食店に場所を変えて2時間飲んだのですが、その帰り道での災害は通勤災害にはならないのですか。

高橋
社労士

　会議後、そのまま会社内に残って少しの時間行われる意見交換会であれば、「業務が継続している」という判断もあるかと思いますが（費やした時間などの問題はあります）、会社外の飲食店で2時間にわたっての飲食ということであれば、業務の延長とは認められないものと考えられます。そのため、後の帰路は通勤とはならないと思います。

エ 「合理的な経路」の解釈

　会社へ申請して通勤費の根拠になっている通勤経路以外は、「合理的な経路」とはいえないのではないか、という問合せをよく受けます。

　労働者が通勤するにあたって、利用できる経路が複数あるのは珍しいことではありません。会社へ申請している経路以外にも通常利用できる経路が別にある場合、それらの経路はいずれも「合理的な経路」と認められます。

　また、電車事故等の事情によって迂回する経路、共働きの労働者が託児所に子どもを預けるためにとる経路も「合理的な経路」と認められます。特に合理的理由もなく著しく遠回りとなる経路である場合には、「合理的な経路」とはいえないことになりますが、遠回りの程度、必要性等によって判断されることになります。

確かに利用できる経路がいくつかあって、どれも合理的だというのはわかるのですが、極端な迂回というのは、どの程度をいうのでしょうか。

高橋
社労士

　特段の合理的な理由なく著しく遠回りとなるような経路は、合理的経路とはいえないとされています。「どの程度まではよい」という目安があるわけではないため、個別事案で判断せざるを得ないでしょう。
　例えば、急行の停車駅の関係や、乗換えにあたっての利便性を考慮すると、A駅からB駅へ行くのに複数の経路が想定されるというのはおわかりになると思います。しかし、一般的には選択しないであろうと思われる経路で、そのために（迂回しているために）相当な時間のロスが生じているような場合は、「合理的な経路」とはいえないと思います。

【参考通達】
「夜勤労働者が「私鉄バスのストライキ」のため、通勤経路の逆方向に歩行中の災害」昭49.3.1基収第260号
「マイカー通勤の労働者が、同一方向にある妻の勤務先を経由する経路上における災害」昭49.3.4基収第289号・昭49.8.28基収第2169号
「長男宅に向かう途中の合理的経路上における災害」昭50.1.17基収第2653号
「マイカー通勤の労働者が、同一方向にある妻の勤務先を経由したのち、忘れ物に気づき自宅に引き返す途中の災害」昭50.11.4基収第2042号

オ　「合理的な方法」の解釈

　公共交通機関、自動車、自転車、徒歩等、通常利用する交通方法は、一般に「合理的な方法」と認められます。
　会社が禁止しているマイカー通勤や、バス利用として申請しているのに自転車を利用するなど、会社への申請とは異なった方法で通勤している実態も多くみられるところですが、通勤行為として行われてい

る以上、「合理的な方法」ではないとすることは妥当ではないものと判断され、当該通勤行為も「合理的な方法」として取り扱われます。

最近の健康志向の風潮からか、最寄駅まで自転車を使っていた者が、1時間以上も先の駅まで自転車を使ったり、歩いたりするようになったというのを聞きます。これは合理的な方法といえるのでしょうか。

高橋
社労士

通勤にあたり、1駅、2駅先まで歩くとか、相当先の駅まで自転車を使うという話をよく聞きます。「合理的な経路」であれば、それをもって「合理的な方法」ではないという判断はしづらいのではないかと考えますが、所要時間などからみて極端だと思われるような場合は、労働基準監督署に問い合わせたほうがよいでしょう。

カ 「逸脱・中断」および「日常生活上必要な行為であって厚生労働省令で定めるもの」の解釈

「逸脱・中断」とは、通勤の途中において、飲食店で飲食する、映画を観る、人と会って長時間喫茶店で話すなどです。ただし、経路上の公園のトイレを使用する、経路上のコンビニエンスストアで雑誌等を購入するなどのように、通勤の途中でのささいな行為は逸脱・中断とはなりません。

労働者が通勤の途中において逸脱・中断をした場合、その後の移動は「就業に関して」行う行為ではなくなるため、通勤行為とは認められないことになります。ただし、これには例外が設けられており、通勤途中において「日常生活上必要な行為であって厚生労働省令で定めるものをやむを得ない事由により最小限度の範囲で行う場合」には、当該逸脱または中断の間を除き、合理的な経路に復した後は通勤と認められることになっています。「日常生活上必要な行為」とは日用品

の購入その他これに準ずる行為等をいいますが、具体的には、スーパーでの買い物、独身者の食事、クリーニング店への立寄り、病院または診療所での受診等です。

　また、「日常生活上必要な行為」のための逸脱・中断であっても、逸脱中、中断中における災害、例えば、スーパーでの買い物中に店内で負傷した場合は、通勤災害とはなりません。買い物を終え、改めて通勤の経路に復した後は、通勤災害としての保護の対象となるというものです。

　　日常生活上必要な行為での中断について、合理的経路に復した後は改めて通勤になるということですが、スーパーで買い物をして、スーパーを出ればその時から通勤が再開になるということでしょうか。もしくは、完全に通常の通勤経路上に戻ってからが通勤の再開になるのでしょうか。

高橋
社労士

　　日常生活上必要な行為による逸脱・中断の場合では、「逸脱、中断中を除いては」通勤とされるということですので、スーパーを出た地点が通常の経路を逸脱しているとすれば、まだ通勤の再開とはみなされません。本来の通勤経路に戻ってからが通勤の再開となります。

　　子どもを保育園に迎えに行って帰宅する道中にあるスーパーへ立ち寄っても通勤の逸脱にはならないということですか？

高橋
社労士

　　仕事が終わって子どもを迎えに行くための経路であれば「合理的な経路」となり通勤となります。ただし、経路上であってもスーパーへ立ち寄る行為は「中断」になるので、その行為中は通勤とはならず帰路に戻ってからが通勤となります。

キ　就業の場所から他の就業の場所への移動

　複数事業場就労者の事業場間の移動については、下記（ア）〜（ウ）の場所から他の事業場の間を移動する場合を通勤行為とし、通勤災害制度の保護の対象としたものです。

　事業場によっては、兼業禁止を定めているケースも多くみられるところですが、兼業禁止規定に違反して複数の事業場で就労している場合であっても、その事業場間の移動は通勤と認められることになります。

（ア）　労災保険の適用事業（保険関係が成立している暫定任意適用事業場を含む）である就業の場所

（イ）　特別加入者の就業の場所（ただし、通勤災害制度の保護対象とならない特別加入者は除かれる）

（ウ）　地方公務員災害補償法、国家公務員災害補償法、船員保険法による通勤災害制度の対象となる勤務場所または就業の場所

仮に弊社の従業員が、業務終了後、次の就労場所への移動中に事故に遭った場合、労災の手続きは弊社で行うことになるのでしょうか。

高橋
社労士

第1の事業場から第2の事業場へ向かうのは、第2の事業場での労務を提供するための移動ですので、第2の事業場の保険関係で処理をすることになります。そのため、御社での手続きは必要ありません。

ク　住居と就業の場所の間の往復に先行し、または後続する住居間の移動

　単身赴任者が帰省する場合、赴任先の就業の場所から一旦赴任先の住居へ帰り、そこから帰省先の住居へ移動するというケースはよくみられ、帰省先住居から赴任先へ戻る際にも、まず赴任先住居へ移動する場合があります。このような移動については、必然的に行わざるを得ない移動であって、業務との関連性を有するものとして、下記（ア）（イ）の移動は「通勤」として認められています。

（ア）　赴任先住居から帰省先住居への移動については、勤務日の当日または翌日に行われるもの
（イ）　帰省先住居から赴任先住居への移動については、勤務日の当日またはその前日に行われるもの

　なお、この移動に関しては、対象となる労働者の範囲、転任先の範囲等について通達で具体的に定められています。

この移動に関しては、要件が他にもあるということですが、いくつか教えてください。

高橋
社労士

　赴任先住居・帰省先住居間の移動中の事故が通勤災害と認められるには、移動がいつ行われたかという点と、
①　赴任先・帰省先の距離（60km以上）
②　やむを得ない事情で転任により家族と別居している
という点が問われます。

【参考通達】
「労働者災害補償保険法の一部改正の施行及び労働者災害補償保険法施行規則及び特別支給金支給規則の一部を改正する省令の施行について」平18.3.31基発第0331042号

　ここまで業務災害、通勤災害の認定の考え方についてご説明してきました。災害の態様も事案ごとにすべて異なりますので、チェックポイントはどこなのかを理解していただければと思います。
　さて、ここからは労災保険で給付が行われる「疾病」について考えてみたいと思います。

3 保険給付の対象になる保険事故とは（疾病）

　保険給付の対象となるのは業務中、通勤途中に発生した負傷事故だけではありません。「業務上疾病」という言葉を聞いたことがあると思いますが、業務を通して、業務が原因となって疾病を発症してしまった場合も保険給付の対象となります。
　しかし、疾病は、様々な要素や条件が重なって発病しますので、業

務が原因となって発症したのか、業務以外の原因で発症したのかの判断は非常に難しいところです。「労働者の疾病と業務との因果関係（業務起因性）が明らかである」と認められた場合に、業務上疾病として取り扱い、保険給付の対象となります。

　労災保険法は労働基準法上の「事業主の災害補償責任」を行うものであること、保険給付の財源は事業主の負担による労災保険料であるということからみれば、業務起因性の判断は、厳密、公正、妥当なものでなくてはなりません。そのため、業務上疾病の労災認定については、行政通達によって認定基準等が定められ、認定要件を満たした場合に「業務上疾病」として取り扱うことになっています。

　業務上疾病は、労働基準法施行規則の別表に具体的に定められています。

＊業務上疾病の範囲・病例（例は著者が付記）

第1号	業務上の負傷に起因する疾病 　例：重量物取扱い中の（災害性）腰痛、頭部外傷後の外傷性てんかん
第2号	物理的因子による疾病 　例1：著しい騒音を発する場所における騒音性難聴 　例2：暑熱な場所での業務による熱中症
第3号	身体に過度の負担のかかる作業態様に起因する疾病 　例1：振動工具を使用する業務による振動障害 　例2：繰り返しキーを叩く作業に従事することによる腱鞘炎
第4号	化学物質等による疾病 　例：酸素濃度が低い場所での作業による酸素欠乏症
第5号	粉じんを飛散する場所での業務によるじん肺症とじん肺合併症
第6号	細菌、ウイルス等の病原体による疾病 　例：医療従事者の針刺し事故によるウイルス性肝炎・新型コロナウイルス感染症
第7号	がん原性物質もしくはがん原性因子またはがん原性工程での業務による疾病 　例：石綿を取り扱う業務による中皮腫
第8号	長期間にわたる長時間の業務その他血管病変等を著しく増悪させる業務による脳出血、くも膜下出血、脳梗塞、高血圧性脳

	症、心筋梗塞、狭心症、心停止（心臓性突然死を含む）もしくは解離性大動脈瘤またはこれらの疾病に付随する疾病
第9号	人の生命にかかわる事故への遭遇その他心理的に過度の負担を与える事象を伴う業務による精神および行動の障害またはこれに付随する疾病
第10号	前各号に掲げるもののほか厚生労働大臣の指定する疾病
第11号	その他業務に起因することの明らかな疾病

　この別表に定められた疾病は、第1号の災害性の疾病のほか、長期間にわたって業務を通して有害物質に暴露することによって発症する疾病（第2号〜第7号）、脳・心臓疾患（第8号）、精神障害（第9号）等です。

　しかし、労働者が当該疾病を発症した場合、この別表に掲げられている疾病だからといって直ちに労災保険の対象であるということではありません。当該疾病と業務との因果関係について判断する基準等を、厚生労働省労働基準局長が行政通達として示し、個別の事案について、通達に示された認定要件を満たした疾病であれば、原則として業務上疾病として取り扱われることになります。

　後ほど業務上疾病にかかる認定要件をいくつか解説しますが、「労災保険での補償の対象となる業務上疾病の範囲は厚生労働省令で定められているということ」「厚生労働省が示した通達（認定基準）に定められた認定要件を満たした事案が業務上疾病として取り扱われるということ」を覚えておいてください。

　業務上疾病の関連通達の主なものには、次のようなものがあります。

腰　　痛	業務上腰痛の認定基準について（昭51.3.30基発第186号）
騒音性難聴	騒音性難聴の認定基準について（昭61.3.18基発第149号）
振動障害	振動障害の認定基準について（昭52.5.28基発第307号）
上肢障害	上肢作業に基づく疾病の業務上外の認定基準について（平9.2.3基発第65号）
じん肺症等	改正じん肺法の施行について（昭53.4.28基発第250号）
石綿障害	石綿による疾病の認定基準について（平24.3.29基発第0329-2号）

脳・心臓疾患	血管病変等を著しく増悪させる業務による脳血管疾患及び虚血性心疾患等の認定基準について（令3.9.14基発0914第1号）
精神障害	心理的負荷による精神障害の認定基準について（令5.9.1基発0901第2号）

　業務としてパソコン作業をしていて、腱鞘炎と診断されたからといって、労災として直ちに認定されるわけではないということですね。

高橋
社労士

　列挙された疾病の診断を受けたとしても、それぞれの通達に示された認定要件を満たしていなければ、業務上疾病としての取扱いはされません。他の疾病についても同様です。

　疾病の場合に、労災で請求すべきなのか判断しづらい場合が多いと思うのですが、どのような点に気を付ける必要があるでしょうか。

高橋
社労士

　業務に原因がないことが明らかであって、労働者自身もそのように認識しているのであれば労災請求の問題は出てこないと思うのですが、業務が原因かもしれない、因果関係の判断がしづらいというような事案、労働者本人が業務を原因として発症したと判断しているような場合は、請求を行って労働基準監督署の調査結果を待つというのが得策かと思います。

　それでは、次にいくつかの「業務上疾病」について、認定基準の説明をしたいと思います。

① 第3号「身体に過度の負担のかかる作業態様に起因する疾病」（上肢障害の場合）

　上肢障害（手、肩、腕の障害）の発症原因は、日常生活全般（運動不足・加齢・体力・家事・育児等々）から、スポーツ、仕事中の酷使など、広範にわたります。

　そのような中で、上肢障害が業務上の疾病として労災の補償対象と認められるには、「業務と上肢障害との間に相当因果関係が認められること」と「認定基準に示された一定の要件を満たすこと」が必要です。

　根拠となる通達は、「上肢障害に基づく疾病の業務上外の認定基準について（平成9.2.3基発第65号）となります。

　認定基準では、「上肢等に負担のかかる作業」とは次の作業をいいます。

　（ア）　上肢の反復作業の多い作業
　（イ）　上肢を上げた状態で行う作業
　（ウ）　頸部、肩の動きが少なく、姿勢が拘束される作業
　（エ）　上肢等の特定の部位に負担のかかる状態で行う作業

　そして、業務に起因して発症したものかどうかの判断は、次の3つが基準となります。

　（1）　上肢等に負担のかかる作業を主とする業務に相当期間従事した後に発症したものであること
　（2）　発症前に過重な業務に従事したこと
　（3）　過重業務への就労と発症までの経過が医学上妥当なものとして認められること

「相当期間」とはどれくらいの期間をいうのですか。

高橋
社労士

原則として6カ月程度以上をいいます。

「過重な業務」とはどれだけの業務量をいうのですか。

高橋
社労士

　同一事業場における同種の労働者と比較して、どれ
だけ業務量が多いか、そしてその状態が発症直前数カ
月程度にわたっているのか、業務量が一定しない場合
においての業務量とその継続期間などが細かく示され
ています。

　いわゆる「過労死等」といわれる疾患について教えて
ほしいのですが。

高橋
社労士

　では、後ほどくも膜下出血や心筋梗塞などの脳・心
臓疾患についての認定基準を見てみましょう（72ペー
ジ参照）。

②　腰痛について

腰痛についても業務を通して発症した場合は業務上疾病になると思うのですが、労災と認定されない事案が多いのではないですか。

高橋
社労士

　腰痛については、通達において2つの区分で考え方が示されています。1つ目が「災害性腰痛」、2つ目が「非災害性腰痛」です。

　「災害性腰痛」は腰部に対して急激な力の作用が突発的に加わった際に発症した腰痛をいい、「非災害性腰痛」は腰部に過度の負担のかかる業務に従事する労働者に発症した腰痛、重量物等を取り扱う業務または腰部に過度の負担のかかる作業態様の業務に継続従事する労働者に発症した慢性的な腰痛をいいます。

　それぞれ認定基準にあてはめて発症と業務の因果関係を判断することになります。

　細かい認定要件の説明は省略しますが、認定されない事案が多いとの印象があるのは「非災害性腰痛」を指すのではないかと思います。

③　第8号「長期間にわたる長時間の業務その他血管病変等を著しく増悪させる業務による脳出血、くも膜下出血、脳梗塞、高血圧性脳症、心筋梗塞、狭心症、心停止（心臓性突然死を含む）もしくは解離性大動脈瘤またはこれらの疾病に付随する疾病」

　この第8号は、脳・心臓疾患を指していて、根拠となる通達は「血管病変等を著しく増悪させる業務による脳血管疾患及び虚血性心疾患等の認定基準について（令3.9.14基発0914第1号）」です。

　業務上疾病として判断する認定要件は3つで、具体的には、次のように示されていて、1〜3の認定要件のいずれかを満たす場合は、業

務上の疾病として取り扱われることになります。

認定要件1	「長期間の過重業務」　評価期間　発症前おおむね6カ月 （著しい疲労の蓄積をもたらす特に過重な業務に就労）
認定要件2	「短期間の過重業務」　評価期間　発症前おおむね1週間 （特に過重な業務に就労）日常業務に比較して特に過重な身体的、精神的負荷
認定要件3	「異常な出来事」　評価期間　発症直前から前日 突発的な、または予測困難な異常な事態・急激で著しい作業環境の変化

　仕事中、例えば会議中に心筋梗塞で倒れたとしても認定要件を満たさない場合は労災とはならず、休日のゴルフ場で同じ心筋梗塞を起こしたとしても、過労死ラインを超える長時間労働などの事実があれば労災だということですね。

高橋
社労士

　その通りです。倒れた（発症した）場所で労災としての判断が行われるわけではありません。その方の業務内容が、認定要件を満たす長期間・長時間の業務や著しく負荷のかかる業務に就いていたのかで判断されます。

　脳・心臓疾患の労災認定については、発症に結び付く「疲労の蓄積」をもたらす最も重要な原因は労働時間であるとの観点から労働時間（時間外労働時間）の面が重視されてきましたが、令和3年9月に認定基準の改正が行われました。

　主な改正ポイントは以下の4点です。

• 長期間の過重業務の評価にあたり、労働時間と労働時間以外の負荷要因を総合評価して労災認定することを明確化したこと

【改正前】

発症前1か月におおむね100時間または発症前2カ月間ないし6カ月間にわたって、1カ月あたり80時間を超える時間外労働が認められる場合について業務と発症との関係が強いと評価できることを示していました。

【改正後】

　上記の時間に至らなかった場合も、これに近い時間外労働を行った場合には、「労働時間以外の負荷要因」の状況も十分に考慮し、業務と発症との関係が強いと評価できることを明確にしました。

・長期間の過重業務、短期間の過重業務の労働時間以外の負荷要因の見直しをしたこと

　労働時間以外の付加要因として以下の項目が示されました。
○勤務時間の不規則性
　　拘束時間の長い勤務
　　休日のない連続勤務
　　勤務間インターバルが短い勤務
　　不規則な勤務・交替制勤務・深夜勤務
○事業場外における移動を伴う業務
　　出張の多い業務
　　その他事業場外における移動を伴う業務
○心理的負荷を伴う業務
○身体的負荷を伴う業務
○作業環境
　　温度環境
　　騒音

・短期間の過重業務、異常な出来事の業務と発症との関連性が強いと判断できる場合を明確化したこと

　業務と発症の関連性が強いと判断できる場合として、以下の例が示されました。

○短期間の過重業務
- 発症直前から前日までの間に特に過度の長時間労働が認められる場合
- 発症前おおむね1週間継続して、深夜時間帯に及ぶ時間外労働を行うなど過度の長時間労働が認められる場合

○異常な出来事
- 業務に関連した重大な人身事故や重大事故に直接関与した場合
- 事故の発生に伴って著しい身体的、精神的負荷のかかる救助活動や事故処理に携わった場合
- 生命の危険を感じさせるような事故や対人トラブルを体験した場合
- 著しい身体的負荷を伴う消火作業、人力での除雪作業、身体訓練、走行等を行った場合
- 著しく暑熱な作業環境下で水分補給が阻害される状態や著しく寒冷な作業環境下での作業、温度差のある場所への頻回な出入りを行った場合

- 対象疾病に「重篤な心不全」を新たに追加したこと

④　第9号「人の生命にかかわる事故への遭遇その他心理的に過度の負担を与える事象を伴う業務による精神および行動の障害またはこれに付随する疾病」

　次に、うつ病などの精神障害の労災認定基準について見てみましょう。

　認定要件として示されているのは次の3つで、いずれにも該当すると労災認定されることになりますが、ここでは（イ）の「発病前のおおむね6カ月」における「業務による強い心理的負荷」について、どのように判断するのかについて説明します。

> （ア）「発病」していること
> （イ）「発病前のおおむね６カ月」における「業務による強い心理的負荷」が認められること
> （ウ）業務以外の負荷、要因による発病ではないこと

　認定要件の（イ）に該当するかどうかについては、具体的に「業務において何（出来事）があったのか」を把握して、「その出来事による心理的負荷はどの程度のものだったのか」を判断することになります。

　通達に別表「業務における心理的負荷評価表」が示されていて、職場で起きた出来事をその表に当てはめることになります。

　その出来事の事実関係、具体的な内容について労働基準監督署が調査を行い、その出来事による心理的負荷の程度を「弱」「中」「強」として評価することになります。

　心理的負荷が「強」であれば、認定要件の（イ）に該当することになります。

　注意しなければいけないのは、認定基準では長時間労働が精神障害発病の原因となりうるという考えが明確にされて、出来事のみの心理的負荷による評価だけでなく、出来事自体の評価は「中」「弱」であっても、「出来事」の前後における恒常的長時間労働（100時間を超える時間外労働）があった場合は総合評価の対象となり、心理的負荷の強度が修正されるということです。

うつ病などの精神疾患の場合、発病前6カ月間における心理的負荷について、具体的に起きたことについて調査が行われるということですね。

高橋
社労士

そうですね。仕事をしている中で何があったのかということですね。

そして、具体的に起きた出来事についての詳細な事実関係の調査、心理的負荷の程度、関連して行われた時間外労働時間数が判断されます。脳・心臓疾患の場合と同様に、何をおいても「長時間労働」問題を解消しなければならないということを覚えておかなければならないですね。

精神障害の労災認定については、令和5年9月に認定基準の改正が行われました。

主な改正ポイントは以下の点です。

・業務による心理的負荷評価表について、具体的出来事の追加、類似性の出来事の統合等が行われました。

　追加された出来事は、「顧客や取引先、施設利用者等から著しい迷惑行為を受けた」と、「感染症等の病気や事故の危険性が高い業務に従事した」の2つです。

・精神障害の悪化の業務起因性が認められる範囲が見直されました。

【改正前】

　悪化前おおむね6カ月以内に「特別な出来事」（特に強い心理的負荷となる出来事）がなければ業務起因性を認めていない

【改正後】

　悪化前おおむね6カ月以内に「特別な出来事」がない場合でも、「業務による強い心理的負荷」により悪化したときには、悪化した部分について業務起因性を認める

第**2**章

労災保険給付にかかる
基本的事項および給付種別

Ⅰ 基本的事項

1 給付基礎日額とは

　「給付基礎日額」とは、原則として労働基準法第12条の平均賃金に相当する額をいいます。

　具体的な算定方法は125ページ以下を参照してください。

2 特別支給金とは

　「特別支給金」は、保険給付とは別に「社会復帰促進等事業」の一環として給付されるものです。休業・障害・遺族の給付に付加されますが、特別支給金としての請求書が定められているわけではありません。保険給付の請求書が、同時に特別支給金の申請書となります。

　また、賞与が支給されている労働者の場合には、賞与（特別給与）を基礎として支給されるボーナス特別支給金もあります。

3 算定基礎日額とは

　障害補償、遺族補償、傷病補償においては、負傷または発病以前1年間のボーナスを基礎として算出した給付が行われますが、この算出した金額を算定基礎日額といいます。算定基礎日額は、負傷、発病前1年間に支給されたボーナスの総額（算定基礎年額）を365で割った額です。

　ボーナスの総額が給付基礎日額の365倍（給付基礎年額）の20％を上回る場合は、給付基礎年額の20％に相当する額が算定基礎年額となります。ただし、150万円が限度額です。

4 労災保険番号について

　最初に、これから解説する請求書において、必ず記入しなければならない「労働保険番号」について簡単にご説明しておきます。

　労働者を1人でも使用することになれば保険関係が成立します。そして、その際に事業主として保険関係成立の手続きを労働基準監督署、ハローワークで行うことになりますが、手続きを行うことによって「労働保険番号」が事業場ごとに付与されることになります。「労働保険番号」は以下のような構成になっており、この番号表示で適用関係がわかるようになっています。

● 「労働保険番号」の構成

府県	所掌	管轄	基幹番号						枝番号	

　雇用保険の適用事業場として付与されている「適用事業所番号」とは異なりますので注意が必要です。

　この「労働保険番号」は、労災保険の手続きを行う際に必ず記入しなければいけない番号として把握しておいてください。

　提出先については、支店所属の従業員に関しては、支店所在地の労働基準監督署へ提出するということでしたが、労働保険番号は本社の番号でよいのですか。

高橋
社労士

　継続事業の一括の認可を受けている場合、記入する労働保険番号は本社の番号を記入します。そして、支店の労働者であることも請求書の中で記入します。

5 事業主証明について

　労災保険の各種給付請求書には、事業の名称、事業の所在地、事業主の氏名を記入する欄（事業主証明欄）があります。これは請求行為を行う際には、必ず記入しなければならないことになっています（労災保険法施行規則第12条ほか）。

　しかしながら、請求時における様々な理由から、「会社として事業主証明を行いたくない」「会社が事業主証明をしてくれない」という状況になる場合がよくあります。事業主証明がなされていない請求書は、形式上、記載内容に不備があるということになりますが、事業主証明欄の不備を理由として労働基準監督署における調査、決定事務が行われないというのは、「迅速・公正な保護を行う」という労災保険法の目的に沿うことではありません。

　また、時効の問題もありますので、労働基準監督署の実務としては、事業主が証明拒否をしている請求書についても受理をし、証明を行わない理由を確認しています。その場合、事業主に対して理由書の作成、提出を求めることとしています。

　事業主証明を拒否することの理由書については、定型の書式はありません。証明を拒否する理由は様々ですので、労働基準監督署で理由を説明したうえで相談されるとよいと思います。例えば、現認者がなく、会社が事故について事実確認ができていないケースにおける理由書は次のようになりますので、1つの参考としてください。

年　　　月　　　日

○○労働基準監督署長　殿

事業場所在地・事業場名・事業主名
労働保険番号

労災保険給付請求書における事業主証明拒否について

　○○年○○月○○日に提出された「労働者○○○○」にかかる○○（補償）給付請求書については、記載された「災害の原因及び発生状況」の内容について事実として確認できていないことから、請求書における事業主証明を行わないことと判断いたしました。

事業主として、請求書への証明をしなかった場合、労災認定結果に影響するのでしょうか。

高橋
社労士

　労働基準監督署における認定調査は、請求事案について、①業務災害、通勤災害に該当するかどうか、②業務上疾病に該当するかどうか、③給付対象者の妥当性、④給付額の妥当性について判断するために行われるものであって、事業主証明の有無が調査結果に影響することはありません。

6 押印等の見直しについて

　様々な手続きにおいて、政府が押印等を求めている手続きについて

不要とする方向となっていますが、労災保険手続きに関しての見直し内容についてお話しします。

　令和３年１月７日付けで、「労災保険における請求書等に係る押印等の見直しの留意点について」（基管発0107第１号・基補発0107第１号・基保発0107第１号）が発出され、押印等を不要とする改正を行うことになったことに伴う事務処理等が示されています。

　具体的には以下の通りです（通達抜粋）。

　１　押印等を不要とするために必要な改正を行うこととしたものであることから、請求人等の記名等があれば、受付することとして差し支えないこと。したがって、押印等がないことのみをもって不備返戻を行わないこと。
　２　労災保険における請求書等については、全ての手続きにおいて押印等を求めないものであるが、記名等がない請求書等については、電話照会によって補正することなく、不備返戻を行うこと。
　３　押印欄のある改正前の様式も、当分の間、取り繕って使用することが可能であること。
　４　令和２年12月25日の改正前に受け付けた請求書等のうち、押印等がないものの取り扱いについては、改正日以後においては、その他の記載事項に不備が無ければ、不備返戻を行う必要はない。

　労災保険の手続きにあたっての参考にしてください。

【参考通達】
「押印を求める手続の見直し等のための厚生労働省関係省令の一部を改正する省令等の施行等について」（令和２.12.25基発1225第１号）
「労災保険における請求書等に係る押印等の見直しの留意点について」（令和３.１.７基管発0107第１号・基補発0107第１号・基保発0107第１号）

7 請求書の提出先

　皆さんは管轄する労働基準監督署については把握されていると思いますし、労災請求書を提出するのは労働基準監督署だということもご存知だと思いますが、意外と提出先に間違いがあるのが現状です。労災請求書の提出先として間違えやすいケースを1つずつ見ていきましょう。

ア　出向労働者の場合

　労災請求書の提出先を間違えやすいケースの1つ目は、「出向労働者」の手続きの場合です。

　御社も在籍出向の形で出向社員を送り出していますが、出向労働者は会社（出向元）との雇用関係を存続したまま、出向命令によって他の会社（出向先）での業務に従事しています。出向労働者の労災保険の適用についてはどうなると思いますか。

　今年から、関連会社へ出向している社員が数名いますが、賃金は当社から直接本人に支給しています。幸いこれまで労災事故はありませんが、何かあったときは当社の保険で処理するものと思っています。

高橋
社労士

　「元々出向元の所属だし、賃金も出向元から支給されているから、労災手続きが必要となった場合も、出向元で処理をするものだ」と勘違いしている方が多いですね。以下で簡単にご説明します。

　出向労働者の保険関係が出向元、出向先のどちらにあるかは、出向の目的および事業主間の出向契約、労働の実態等に基づいて、出向労働者の労働関係の所在を判断することになりますが、出向労働者が、出向先の事業場の組織に組み入れられており、出向先の他の労働者と

同様な立場で、出向先での指揮命令を受けて労働に従事している場合には、出向元から賃金を受けていたとしても、出向労働者は出向先事業の保険関係によるものとするとされています。

　そのため、出向労働者に労災保険の手続きの必要が生じた際には、出向先の保険関係（出向先事業場の所在地を管轄する労働基準監督署）によって処理することになります。

　　ということは、現在、千葉県の関連会社に出向している者が、仕事中にケガをしたような場合には、出向先の保険関係により、出向先会社の所在地を管轄する労働基準監督署へ請求書を提出するということになるわけですね。

高橋
社労士

　　その通りです。幸い労災事故は起きていませんが、労災手続きについて出向先会社の担当者と認識を共有しておかなければいけません。労働保険料の申告・納付、労災事故で休業を伴ってしまった場合の平均賃金の問題等にも関連してきますので、注意が必要です。
　　「出向労働者に対する労働者災害補償保険法の適用について」という通達（昭35.11.2基発第932号）がありますので、確認しておくとよいでしょう。

イ　派遣労働者の場合

　労災請求書の提出先を間違えやすいケースの2つ目は、「派遣労働者」の手続きの場合です。

　1日目に、労働者を使用する事業を適用事業とすること、労働者とは正規のフルタイムの者だけではなく、パート、アルバイト等も含むこと、そして、事業主には災害補償責任が課せられていて、それを担保する形で労災保険法があるというお話をしました。では、労働者派遣事業において派遣された派遣労働者についての災害補償責任は誰が負っているのでしょうか。

先ほどの出向の考え方からすれば、派遣労働者も派遣先の会社で指揮命令を受けて仕事をしていますので、派遣先ということになるのではないでしょうか。

高橋
社労士

　労働者派遣については、特殊な労働関係にあることから、労働者派遣法によって、労働基準法の適用については派遣元が責任を負うこととされています。

　労働者派遣事業においては、派遣元事業主が派遣労働者の災害補償責任を負うということになっています。これは、派遣元事業主は、派遣労働者を雇用して自己の業務命令によって派遣先の事業場において就労させているため、雇用している者として派遣先における派遣労働者の安全衛生が確保されるように配慮する責任があるなどの理由によるものです。そのため、労災保険法の適用においても、派遣元事業主を労災保険の適用事業とすることになっています。

　御社では派遣労働者は受け入れていませんが、仮に派遣労働者を受け入れていて、その派遣労働者が会社内でケガをしたとしても、労災の手続きは派遣元事業の保険関係で行い、労災請求書は派遣元事業の所在地を管轄する労働基準監督署へ提出することになります。

ウ　建設工事に従事している労働者の場合

　労災請求書の提出先を間違えやすいケースの3つ目は、「建設工事従事労働者」の手続きの場合です。

　建設工事、道路工事等のように、事業の性質上、一定の期間が決まっている事業を有期事業ということはすでにご説明しました。また、「請負事業の一括扱い」として、請負関係の下で行われている事業においては、その事業が1つの事業とみなされて元請負人のみがその事業の事業主になるということはご理解いただけていると思います。

　以下の場合、神奈川の工事現場が事業場ということになり、現場で

保険関係が成立していることになります。そのため、○○建設の労働者も、△△組、××工務店の労働者も、○○建設の労働者として、神奈川の現場で成立している保険関係において労災保険の手続きを行うことになります。

請負事業の一括

●●ビル新築工事（現場：神奈川県）
元請：○○建設㈱（所在地：東京）
一次下請：△△組（所在地：神奈川）
二次下請：××工務店（所在地：静岡）

　この工事現場（事業場）では、○○建設㈱の事業主が全体の事業主となり、△△組、××工務店の労働者も、○○建設に使用される労働者となります。

　元請○○建設（株）がある東京ではなく、神奈川の工事現場で成立している保険関係で処理をするということですね。ビル新築工事等のように、ある程度長い期間で行われる大規模な工事なら、現場が事業場であるというのもわかるのですが、小規模のちょっとした工事でも同じことなのでしょうか。

高橋
社労士

　「事業」の定義からすれば、その建設現場が1つの事業場ということになりますので、現場ごとに工事が始まると保険関係成立、終わると保険関係消滅という手続きを行うことになります。
　一方、小規模工事の場合は「有期事業の一括」という取扱いになります。

　1日目にもお話しましたが、小規模な工事までも、いちいち保険関係の成立、消滅の手続きが必要となると大変ですので、一定要件を満たした一定規模以下の事業は、それらの事業を一括して1つの事業とすることになっています。これが「有期事業の一括」です。この場合は、現場ではなく、元請の会社所在地での保険関係において労災が適用されることになります。

　以下で整理してみましょう。

　建設工事等の有期事業の場合、工事の規模（請負金額）によって『単独有期事業』と『一括有期事業』に区分されます。要件についての細かい説明は省略しますが、請負金額（税抜き）1億8千万円以上の大規模工事を『単独有期事業』、1億8千万円未満の小規模工事を『一括有期事業』と覚えてください。

●現場で労災事故があって労災請求書を提出する場合の提出先

> 『単独有期事業』 ─　現場所在地を管轄する労働基準監督署
> 『一括有期事業』 ─　元請事業場の所在地を管轄する労働基準監督署
> ＊いずれの場合も、下請事業場に所属する労働者も、元請事業場に使用される労働者として手続きを行うことになります。

エ　支店、営業所等の所属労働者の場合

　労災請求書の提出先を間違えやすいケースの4つ目は、「支店・営業所所属労働者」の手続きの場合です。

　本社の下に支店、営業所がある場合ですが、これまでご説明した「事業」の定義からもおわかりのように、それぞれの支店、営業所で1つひとつの事業場単位として保険関係が成立しています。ところが、総務関係、社会保険等の手続きがすべて本社で行われているような場合、支店、営業所での労災手続きも、本社の保険関係で行ってしまうという間違いがよくあります。

当社の場合、継続事業の一括の認可を受けていますので、保険料の申告・納付は本社で行っています。仮に労災の手続きが必要になったとしても、支店では対応できませんので本社で行うことになると思うのですが、請求書は支店を管轄する労働基準監督署へ提出しなければいけないのですか。

高橋
社労士

継続事業の一括扱いは、「労働保険の保険料の徴収等に関する法律」の規定によって、同一事業主の下の2以上の事業について一定の要件を満たせば、これらの事業の保険関係を一括できるというものです。ところが、労災保険の給付に関する事務については、それぞれの事業場所在地を管轄する労働基準監督署で行うことになります。

　32ページの「継続事業の一括」でもご説明しましたが、継続事業の一括扱いは、あくまでも保険料の申告・納付に関する事務を一括するものです。

　したがって、御社の場合も、支店所属の労働者の労災手続きが必要になれば、支店の所在地を管轄する労働基準監督署へ請求書を提出することになります。

　以上、労災請求を行う際に、請求書の提出先について間違えやすいケースをご説明しました。

　　請求書の提出先についてはよくわかりました。では、仮に間違えて別の労働基準監督署へ提出してしまった場合、その請求書はどのような取扱いになるのでしょうか。

高橋
社労士

　　事務を行うべき監督署ではない監督署へ提出された請求書は、一旦受理した監督署が本来所管するべき監督署はどこなのかを調査し、当該監督署へ回送することになります。

　労災請求書を誤って送付することは、請求事案に対する調査着手の遅れにつながり、結果として請求人（被災労働者）への給付事務（不支給の場合は不支給通知の送付）が遅れることになります。
　請求人（被災労働者）は提出先についての知識がないことが多いため、会社の担当者として、助言・指導してあげられるよう、しっかり確認しておきましょう。

　　通常の給付事案における労災給付請求書の提出先について間違えやすいケースはわかりましたが、例えば、石綿関連疾患等の場合、どこの現場で罹患したのかわからないことも多いのではないかと思います。その場合、給付決定事務を行う労働基準監督署はどこになるのでしょうか。

高橋
社労士

　　中皮腫などの石綿関連疾患は、石綿作業に従事してから何十年も経ってから発症するといわれています。
　　そのような遅発性疾患にかかる労災保険支給請求については、当該作業に従事した最終の事業場を管轄する労働基準監督署に提出することになります。

8 支給制限について

　労災保険は、労働者が故意に負傷、疾病、障害もしくは死亡または
その直接の原因となった事故を生じさせたときは、保険給付を行わな
いことになっています。これは、労災保険法における支給制限として、
第12条の２の２に規定されています。

> **労災保険法　第12条の２の２（支給制限）**
> ① 　労働者が、故意に負傷、疾病、障害若しくは死亡又はその直接
> 　の原因となった事故を生じさせたときは、政府は、保険給付を行
> 　わない。
> ② 　労働者が故意の犯罪行為若しくは重大な過失により、又は正当
> 　な理由がなくて療養に関する指示に従わないことにより、負傷、
> 　疾病、障害若しくは死亡若しくはこれらの原因となった事故を生
> 　じさせ、又は負傷、疾病若しくは障害の程度を増進させ、若しく
> 　はその回復を妨げたときは、政府は、保険給付の全部又は一部を
> 　行わないことができる。

【参考通達】
「第２条の２の２（支給制限）の規定の意義」昭40.7.31基発第901号
「第２条の２の２の規定による支給制限について」昭40.7.31基発第906号・
改正昭52.3.30基発第192号
「無免許運転による事故」昭23.1.15基発第51号
「免許のある運転手と詐称していた労働者の交通事故」昭23.3.5基発第405号
「飲酒運転により発生した事故」昭26.9.27基収第3920号

9 受給権の保護

　「労災保険給付を受けている労働者が退職した場合には、保険給付
はどうなるのか？」という質問をよく受けます。労災保険の受給権の

保護として、労災保険給付を受ける権利は労働者が退職しても変更されることはありませんし、また、それを譲渡し、担保に供し、または差し押さえることはできないことになっています（労災保険法第12条の5）。

　したがって、休業（補償）等給付を受けている労働者が休業期間内において退職しても、休業（補償）等給付の支給要件を満たしている限り、給付が受けられるということです。

　　昨年、労災で治療を受けていた従業員が職場復帰せずに自己都合退職したのですが、退職後も引き続き労災扱いで通院していたということですね。

高橋
社労士

　　その方が退職後においても治療が継続していたとすれば、引き続き労災扱いで処理されたはずです。また、その方が労災から休業（補償）等給付を受けていた場合、退職したとしても支給要件を満たしていれば、引き続き保険給付を受けることになります。

10　労災の年金給付における社会保険との調整

　労災保険法による障害（補償）等年金、遺族（補償）等年金を受ける者が、同一の事由により障害厚生年金、遺族厚生年金等を受けることとなった場合、年金間の調整が行われ、厚生年金保険からは全額が支給され、労災保険からの支給額が減額されることになっています。

【参考通達】
「労災保険の年金たる保険給付等と厚生年金等との調整について」昭
63.3.31基発第203号

保険給付の種類		こういうときは	保険給付の内容	特別支給金の内容
療養（補償）等給付		業務災害または通勤災害による傷病により療養するとき（労災病院や労災保険指定医療機関等で療養を受けるとき）	必要な療養の給付※	
		業務災害または通勤災害による傷病により療養するとき（労災病院や労災保険指定医療機関等以外で療養を受けるとき）	必要な療養の費用の支給※	
休業（補償）等給付		業務災害または通勤災害による傷病の療養のため労働することができず、賃金を受けられないとき	休業4日目から、休業1日につき給付基礎日額の60％相当額	（休業特別支給金）休業4日目から、休業1日につき給付基礎日額の20％相当額
障害（補償）等給付	障害（補償）等年金	業務災害または通勤災害による傷病が治癒（症状固定）した後に障害等級第1級から第7級までに該当する障害が残ったとき	障害の程度に応じ、給付基礎日額の313日分から131日分の年金 第1級　313日分 第2級　277日分 第3級　245日分 第4級　213日分 第5級　184日分 第6級　156日分 第7級　131日分	（障害特別支給金）障害の程度に応じ、342万円から159万円までの一時金 （障害特別年金）障害の程度に応じ、算定基礎日額の313日分から131日分の年金
	障害（補償）等一時金	業務災害または通勤災害による傷病が治癒（症状固定）した後に障害等級第8級から第14級までに該当する障害が残ったとき	障害の程度に応じ、給付基礎日額の503日分から56日分の一時金 第8級　503日分 第9級　391日分 第10級　302日分 第11級　223日分 第12級　156日分 第13級　101日分 第14級　56日分	（障害特別支給金）障害の程度に応じ、65万円から8万円までの一時金 （障害特別一時金）障害の程度に応じ、算定基礎日額の503日分から56日分の一時金
	遺族（補償）等年金	業務災害または通勤災害により死亡したとき	遺族の数等に応じ、給付基礎日額の245日分から153日分の年金 1人　　153日分 2人　　201日分 3人　　223日分	（遺族特別支給金）遺族の数にかかわらず、一律300万円 （遺族特別年金）遺族の数等に応じ、算定基礎日額の245日分

			4人以上　245日分	から153日分の年金
遺族（補償）等給付	遺族（補償）等一時金	(1)　遺族（補償）等年金を受け得る遺族がないとき (2)　遺族（補償）等年金を受けている人が失権し、かつ、他に遺族（補償）等年金を受け得る人がない場合であって、すでに支給された年金の合計額が給付基礎日額の1000日分に満たないとき	給付基礎日額の1000日分の一時金（(2)の場合は、すでに支給した年金の合計額を差し引いた額）	（遺族特別支給金）遺族の数にかかわらず、一律300万円（(1)の場合のみ） （遺族特別一時金）算定基礎日額の1000日分の一時金（(2)の場合は、すでに支給した特別年金の合計額を差し引いた額）
葬祭料 葬祭給付		業務災害または通勤災害により死亡した人の葬祭を行うとき	315,000円に給付基礎日額の30日分を加えた額（その額が給付基礎日額の60日分に満たない場合は、給付基礎日額の60日分）	
傷病（補償）等年金		業務災害または通勤災害による傷病が療養開始後1年6カ月を経過した日または同日後において次の各号のいずれにも該当するとき (1)　傷病が治癒（症状固定）していないこと (2)　傷病による障害の程度が傷病等級に該当すること	障害の程度に応じ、給付基礎日額の313日分から245日分の年金 第1級　　313日分 第2級　　277日分 第3級　　245日分	（傷病特別支給金）障害の程度により114万円から100万円までの一時金 （傷病特別年金）障害の程度により算定基礎日額の313日分から245日分の年金
介護（補償）等給付		障害（補償）等年金または傷病（補償）等年金受給者のうち第1級の者または第2級の精神・神経の障害および胸腹部臓器の障害の者であって、現に介護を受けているとき	常時介護の場合は、介護の費用として支出した額（ただし、172,550円を上限とする）。 親族等により介護を受けており介護費用を支出していない場合、または支出した額が77,890円を下回る場合は77,890円。 随時介護の場合は、介護の費用として支出した額（ただし、86,280円を上限とする）。 親族等により介護を受けており介護費用を支	

		出していない場合または支出した額が38,900円を下回る場合は38,900円。	
二次健康診断等給付 ※船員法の適用を受ける船員については対象外	事業主が行った直近の定期健康診断等（一次健康診断）において、次の(1)、(2)のいずれにも該当するとき (1) 血圧検査、血中脂質検査、血糖検査、腹囲またはBMI（肥満度）の測定のすべての検査において異常の所見があると診断されていること (2) 脳血管疾患または心臓疾患の症状を有していないと認められること	二次健康診断および特定保健指導の給付 (1) 二次健康診断 脳血管および心臓の状態を把握するために必要な、以下の検査 ① 空腹時血中脂質検査 ② 空腹時血糖値検査 ③ ヘモグロビンA1c検査 （一次健康診断で行った場合は行わない） ④ 負荷心電図検査または心エコー検査 ⑤ 頸部エコー検査 ⑥ 微量アルブミン尿検査 （一次健康診断において尿蛋白検査の所見が疑陽性（±）または弱陽性（+）である者に限り行う） (2) 特定保健指導 脳・心臓疾患の発生の予防を図るため、医師等により行われる栄養指導、運動指導、生活指導	

※療養のため通院したときは、通院費が支給される場合があります。

注）表中の金額等は、令和5年4月1日現在のものです。
このほか、社会復帰促進等事業として、アフターケア・義肢等補装具の費用の支給、外科後処置、労災就学等援護費、休業補償特別援護金等の支援制度があります。詳しくは、労働基準監督署にお問い合わせください。

　それでは、次に各給付別に給付内容と請求の仕方について解説します。

Ⅲ 療養（補償）等給付

治療費

　療養（補償）等給付は、業務災害、複数業務要因災害または通勤災害によってケガをしたり病気にかかったときに、病院等での治療が必要となった場合の給付です。療養（補償）等給付は、「療養の給付」として治療を自己負担なしで受けるのが原則です。労災病院や労働局長が指定した病院・診療所・薬局等（これを「労災指定病院等」という）に療養の給付請求書を提出すれば自己負担なしで治療が受けられ、労災指定病院等は都道府県労働局に対して診療費や薬剤費を請求することになります。

1 労災指定病院等にかかった場合

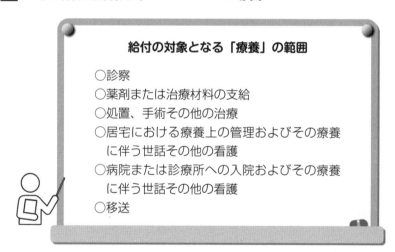

給付の対象となる「療養」の範囲

○診察
○薬剤または治療材料の支給
○処置、手術その他の治療
○居宅における療養上の管理およびその療養
　に伴う世話その他の看護
○病院または診療所への入院およびその療養
　に伴う世話その他の看護
○移送

① 請求方法

<u>提出する請求書</u>（99ページ、104ページ参照）
業務災害の場合：「療養補償給付及び複数事業労働者療養給付たる療養の給付請求書」（様式第5号）

通勤災害の場合：「療養給付たる療養の給付請求書」（様式第16号の３）

②　提出先

　労災指定病院等へ直接提出します。

　診療内容、費用を労災指定病院等が記入して、都道府県労働局へ請求することになっています。

> 　労災指定病院等に受診したときに、労災の請求書を持参できなかった場合は、どのようにすればよいのでしょうか。

高橋
社労士

> 　緊急で病院にかかったときなど、労災の請求書を持参できないことがあるのはやむを得ないことです。その場合、治療を受ける前に「労災です。請求書は後日持ってきます」と申し出るようにしてください。病院によっては保証金を求められる場合もありますが、労災の請求書を提出すれば返還されることになります。

> 　病院で診察を受けた後に、窓口で処方箋を受け取って、隣の薬局へ行って薬が出されることがありますが、薬局へも請求書を提出するのですか。

高橋
社労士

> 　処方箋によって病院外の薬局で薬を受ける場合、当該薬局が労災指定の薬局であれば、当該薬局に対しても請求書の提出が必要です。

③　労災指定病院等にかかった場合の請求書の記載について

ア　業務災害で様式第５号を労災指定病院へ提出する場合

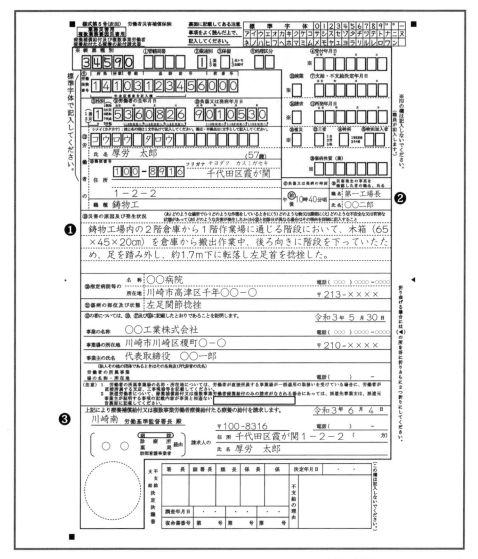

（厚生労働省ホームページより）

〈記載事項に関する留意点〉

　業務災害で「様式第5号」を労災指定病院へ提出する場合の請求書
作成にあたっての留意点をご説明します。記載例は、厚生労働省作成
のリーフレットに掲載されているものをベースにしています。

❶ 「災害の原因及び発生状況」の欄

　記載にあたっての注意事項はいくつかありますが、一番大事なのは、「いつ、誰が、どこで、何をしているときに、どのような状況で、どこを負傷したのか」「（疾病の場合は）どのような業務をしていて、何が原因で、何の診断を受けたのか」を説明する「⑲災害の原因及び発生状況」の欄です。

　「給付が受けられる労働者」であることと、「業務災害として保険給付の対象となる保険事故」であることを請求書の書面で確認できるように記載することが重要です。

　記載例は、以下のようになっています。

　鋳物工場内の２階倉庫から１階作業場に通じる階段において、木箱（65×45×20㎝）を倉庫から搬出作業中、後ろ向きに階段を下っていたため、足を踏み外し、約1.7ｍ下に転落し左足首を捻挫した。

　記載例ですので完璧な記載であるのは当然ですが、厚労太郎さんが負傷した現場の状況が、目に浮かぶように把握できます。

　これが、例えば、以下のような記載だとすれば、業務を行っていたのか、業務が原因なのかがわかりません。

　２階倉庫から１階作業場に通じる階段において足を踏み外し、約1.7ｍ下に転落し、左足首を捻挫した。

　他にも、例えば、

　事務所内の机配置を変更するため、事務机を動かそうとしたが、引き出しの内部を出さずに１人で持ち上げようとしたため、腰に急激に負担がかかってぎくっとし、急性腰痛症と診断された。

と書かれていれば、災害性腰痛としての請求であることはわかりますが、単に、

> 事務所内で腰を痛めた。

だけの記載では、どのような業務が原因となって腰を痛めたのかがわかりません。

「業務上疾病」事案、「第三者行為災害」事案、後遺障害事案、遺族事案等の特殊事案を除いては、書面審査で支給の可否が判断されますので、認定の判断を理解して、わかりやすく記入することが重要です。

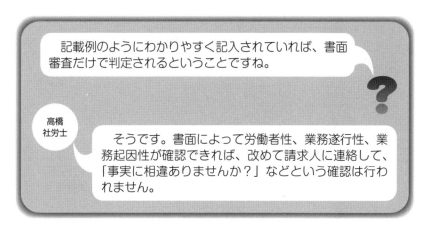

> 記載例のようにわかりやすく記入されていれば、書面審査だけで判定されるということですね。

高橋
社労士

> そうです。書面によって労働者性、業務遂行性、業務起因性が確認できれば、改めて請求人に連絡して、「事実に相違ありませんか？」などという確認は行われません。

その他の注意点についてご説明します。

❷　「災害発生の事実を確認した者の職名・氏名」欄

いわゆる現認者を記入するのですが、例えば単独行動中であって、災害の発生事実をその場で確認した者がいないという場合もあると思います。その場合は、災害の事実を最初に報告を受けた者の職名・氏名を記入します。

❸　労働基準監督署名の記載

様式第5号（第16号の3）は、労災指定病院等へ提出し、指定病院等から都道府県労働局に請求が行われます。指定病院等は、請求書の

送付先を把握していない場合も多いため、提出先の労働基準監督署名を記入します。

❹ 受診（初診）日との関連

　労災指定病院等での受診にあたっては、請求書様式第5号（第16号の3）を労災指定病院等に提出することになります。労災指定病院は「診療報酬明細書」（レセプト）に療養の内訳および金額を記入し、請求書に添付して都道府県労働局へ請求することになります。「診療報酬明細書」には、受診年月日、傷病名が記載されており、労働基準監

> 受診日との関連がチェックされるということについて、どのようなことに気を付ければよいのでしょうか。

高橋 社労士

　災害発生年月日と受診年月日の関連については、災害発生年月日の当日や翌日なり、近接した日に受診していることが確認できればよいのですが、10日後、数週間後に受診した場合、災害の事実および療養に至る経過について確認調査が行われることがあります。
　例えば、記載例の事案は、5月30日に階段を踏み外して左足関節を捻挫したものですが、○○病院に受診したのが6月10日であったとすると、労働基準監督署において、災害発生年月日から○○病院受診日までの経過を確認されます。「大したことがないと思って、しばらく様子を見ていたけれども、腫れが引かないので6月10日に受診した」という場合もあるでしょうし、「当日行った病院は労災指定病院ではなかったので全額負担しており、費用請求を予定している。6月10日に労災指定病院である○○病院に行ったので労災請求書を提出した」という場合もあると思います。
　このように、災害発生日と受診日の関連も大切なことですので、上記のような事情があるとすれば、災害発生状況の欄に、経過についても記入することが望ましいと思います。

督署においては、災害発生年月日と受診年月日の関連、災害発生状況と傷病名（部位）の関連をチェックすることになります。

❺　薬局（院外処方）を利用する場合

　最近は病院窓口ではなく、病院から処方箋を受け取って、病院外の薬局で薬を受け取る方が多いと思います。その場合、薬局が労災指定を受けている場合には、薬局に対しても様式第５号（第16号の３）を提出しなければなりませんので、注意が必要です。

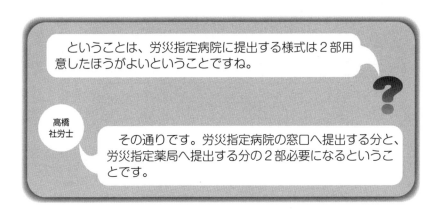

　ということは、労災指定病院に提出する様式は２部用意したほうがよいということですね。

高橋
社労士

　その通りです。労災指定病院の窓口へ提出する分と、労災指定薬局へ提出する分の２部必要になるということです。

イ　通勤災害で様式第16号の３を労災指定病院へ提出する場合

〈記載事項に関する留意点〉

　通勤災害の場合は、請求書裏面に「通勤災害に関する事項」を詳細に記入することになります。次ページの記載例をご覧ください。

　この記載によって、通勤災害の要件についての審査が行われますので、事実に基づいて記入するのはもちろんのこと、時間、場所、経路等について説明すべき点があれば、書き足すことも必要です。

(イ)	災害時の通勤の種別 (該当する記号を記入)	イ	イ. 住居から就業の場所への移動 ハ. 就業の場所から他の就業の場所への移動 ニ. イに先行する住居間の移動	ロ. 就業の場所から住居への移動 ホ. ロに接続する住居間の移動

(ロ)	負傷又は発病の年月日及び時刻			令和 3 年 6 月 17 日 午前後 8 時 45 分頃

(ハ)	災害発生の場所	飯田市桜町○丁目 桜町銀行本店前市道	(ニ)	就業の場所 (災害時の通勤の種別がハに該当する場合は移動 の終点たる就業の場所)	飯田市桜町○丁目

(ホ)	就業開始の予定年月日及び時刻 (災害時の通勤の種別がイ、ハ又はニに該当する場合は記載すること)	令和 3 年 6 月 17 日 午前後 9 時 00 分頃

(ヘ)	住居を離れた年月日及び時刻 (災害時の通勤の種別がイ、ニに該当する場合は記載すること)	令和 3 年 6 月 17 日 午前後 8 時 00 分頃

(ト)	就業終了の年月日及び時刻 (災害時の通勤の種別がロ、ハに該当する場合は記載すること)	年 月 日 午前後 時 分頃

(チ)	就業の場所を離れた年月日及び時刻 (災害時の通勤の種別がロ又はハに該当する場合は記載すること)	年 月 日 午前後 時 分頃

(リ)	災害時の通勤の種別に関する移動の通常の経路、方法及び所要時間並びに災害発生の日に住居又は就業の場所から災害発生の場所に至った経路、方法、所要時間その他の状況	自宅 徒歩 15分 飯田駅 飯田線 15分 桜町駅 徒歩 15分 会社　　通常の通勤所要時間 時間 50 分

(ヌ)	災害の原因及び発生状況 (あ)どのような場所を (い)どのような方法で移動している際に (う)どのような物で又はどのような状況において (え)どのようにして災害が発生したか (お)⑩と初診日が異なる場合はその理由を簡明に記載すること	JR桜町駅から会社まで徒歩で出勤中、桜町○丁目桜町銀行本店前の市道で道路の縁石につまづき、転倒し左手首を骨折した。

(ル)	現認者の	住 所	飯田市桜町○-○
		氏 名	○○ヒサ	電話( )○○-○○○○

(ヲ)	転任の事実の有無 (災害時の通勤の種別がニ又はホに該当する場合)	有 ・ 無	(ワ)	転任直前の住居に係る所在地	

⑱健康保険日雇特例被保険者手帳の記号及び番号		⑲その他就業先の有無		
有 無	有の場合のその数 (ただし表面の事業場を含まない)　　　　社	有の場合でいずれかの事業で特別加入している場合の特別加入状況(ただし表面の事業を含まない) 労働保険事務組合又は特別加入団体の名称		
	労働保険番号(特別加入)	加入年月日		年 月 日

[項目記入に当たっての注意事項]
1 記入すべき事項のない欄又は記入枠は空欄のままとし、事項を選択する場合には当該事項を○で囲んでください。(ただし、⑤欄並びに⑱及び⑲欄の元号については該当番号を記入枠に記入してください。)
2 傷病年金の受給権者が当該傷病にかかる療養の給付を請求する場合には、⑤労働保険番号欄に左詰で年金証書番号を記入してください。また、⑱及び⑲は記入しないでください。
3 ⑱は、請求人が健康保険の日雇特例被保険者でない場合には記載する必要はありません。
4 (ホ)は、災害時の通勤の種別がイ、ハ又はニに該当する就業の場所における就業開始の予定年月日及び時刻を、ニの場合には、後続するイの移動の終点たる就業の場所における就業開始の予定の年月日及び時刻を記載してください。
5 (ヘ)は、災害時の通勤の種別がイ又はニに該当する就業の場所における就業開始の予定年月日及び時刻を、ニの場合には、後続するイの移動の終点たる就業の場所における就業開始の予定の年月日及び時刻を記載してください。
5 (ヘ)は、災害時の通勤の種別がイ又はニに該当する住居を離れた年月日及び時刻を記載してください。
5 (ト)は、災害時の通勤の種別がロ又はハに該当する就業の場所における就業終了の年月日及び時刻を、ホの場合には、先行するロの移動の起点たる就業の場所における就業終了の年月日及び時刻を記載してください。
6 (チ)は、災害時の通勤の種別がロ又はハに該当する就業の場所を離れた年月日及び時刻を記載してください。
7 (リ)は、通常の通勤の経路を図示し、災害発生の場所及び災害発生の場所に住居又は就業の場所から災害発生の場所に至った経路を朱線を用いて分かりやすく記載するとともに、その他の事項についてもできるだけ詳細に記載してください。

[標準字体記入にあたっての注意事項]

□□□□□ で表示された記入枠に記入する文字は、光学式文字読取装置(OCR)で直接読取りを行いますので、以下の注意事項に従って、表面の右上に示す標準字体で記入してください。
1 筆記用具は黒色ボールペンを使用し、記入枠からはみださないように書いてください。
2 「促音」「よう音」などは大きく書き、濁点、半濁点は1文字として書いてください。

(例) キッテ → キツテ　　キョ → キヨ　　バ → ハ゛

3 シツソン は斜の弧を書き始めるとき、小さくカギを付けてください。

4 １ はカギを付けないで垂直に、４ の2本の縦線は上で閉じないで書いてください。

派遣先事業主 証明欄	派遣元事業主が証明する事項(表面の⑳欄並びに(ロ)、(ハ)、(ニ)、(ホ)、(ト)、(チ)、(リ)(通常の通勤の経路及び方法に限る。)及び(ワ))の記載内容について事実と相違ないことを証明します。		
	年 月 日	事業の名称	電話( ) -
		事業場の所在地	〒 -
		事業主の氏名	
		(法人その他の団体であるときはその名称及び代表者の氏名)	

社会保険 労務士 記載欄	作成年月日・提出代行者・事務代理者の表示	氏 名	電話番号
			( ) -

(厚生労働省ホームページより)

　説明すべき点を書き足すというのはどういうことですか。

高橋
社労士

　例えば、逸脱・中断があったとしても、それは惣菜を購入するためのスーパーへの立ち寄りだったとか、当日の経路が若干遠回りだったとすれば、通常使う路線が人身事故で止まっていたため、迂回経路バスを使用したなどということを記入するということです。

　現認者の住所・氏名欄の考え方は、様式第5号の場合と同様です。

　また、記入事項が多岐にわたっていますが、記載内容はすべて「通勤災害」として該当するかどうかの判断に必要な事項ですので、記入漏れがないように注意してください。

　会社内で負傷し、会社近くの病院に通院している従業員がいますが、自宅近くのクリニックへ転医したいと言っています。転医の手続きついて教えてください。

高橋
社労士

　労災指定病院等から他の労災指定病院等へ転医するときは、「療養補償給付及び複数事業労働者療養給付たる療養の給付を受ける指定病院等（変更）届」（様式第6号）または「療養給付たる療養の給付を受ける指定病院等（変更）届」（様式第16号の4）（次ページ参照）を転医先の指定病院等へ提出することになります。

ウ　労災指定病院等から他の労災指定病院等へ転医する場合

　指定病院等（変更）届（様式第6号または様式第16号の4）を変更
（転医）先の指定病院等へ提出します。

様式第6号（表面）

労働者災害補償保険

療養補償給付及び複数事業労働者療養給付たる療養の給付を受ける指定病院等（変更）届

渋谷　労働基準監督署長　殿　　　　　　　　　　　　　　　　　　年　月　日

△△
病　　院
診　療　所　経由
薬　　局
訪問看護事業者

〒100－8916
電話（　　）○○○○－○○○○

届出人の
住　所　千代田区霞ヶ関1－2－2
氏　名　厚労太郎　　　　　　　　　　　　　　　　方

下記により療養補償給付及び複数事業労働者療養給付たる療養の給付を受ける指定病院等を（変更するので）届けます。

①　労　働　保　険　番　号					氏　名	厚労太郎　　㊚・女	④負傷又は発病年月日
府県	所掌 管轄	基幹番号	枝番号		労働者の	生年月日　昭和○○年　8月　26日（57歳）	令和3年　7月　4日
14	1 03	123456	000			住　所　千代田区霞ヶ関1－2－2	午前・㊛ 10時40分頃

②　年　金　証　書　の　番　号

管轄局	種別	西暦年	番　　号

職　種　鋳物工

⑤　災害の原因及び発生状況　　（あ）どのような場所で（い）どのような作業をしているときに（う）どのような物又は環境に（え）どのような不安全な又は有害な状態があって（お）どのような災害が発生したかを簡明に記載すること。

鋳物工場内の2階倉庫から1階作業場に通じる階段において、木箱（65×45×20cm）を倉庫から搬出作業中、後ろ向きに階段を下っていたため、足を踏み外し、約1.7m下に転落し左足首を捻挫した。

③の者については、④及び⑤に記載したとおりであることを証明します。

令和3年　8月　8日

事業の名称　○○工業株式会社
〒210－××××　電話（○○○）○○○○－○○○○
事業場の所在地　川崎市川崎区榎町○－○
事業主の氏名　代表取締役　○○一郎
（法人その他の団体であるときはその名称及び代表者の氏名）

⑥指定病院等の変更	変更前の	名　称	○○病院	労災指定医番号
		所在地	川崎市高津区千年○○－○	〒213－○○○○
	変更後の	名　称	△△病院	
		所在地	渋谷区代々木○－○	〒○○○－○○○○
	変更理由		通院療養のため、自宅から距離が短い病院にかえたいため。	
⑦傷病補償年金又は複数事業労働者傷病年金の支給を受けることとなった後に療養の給付を受けようとする指定病院等の		名　称		
		所在地		〒　－
⑧	傷　病　名		左足関節捻挫	

（厚生労働省ホームページより）

〈記載事項に関する留意点〉

　労災指定病院間の変更手続きは、指定病院等（変更）届を転医先の労災指定病院等へ提出することによって行い、継続して療養を受けることができます。

　⑥の欄で転医理由を記入しますが、特に転医理由の内容が問われることはありません。

　労災指定病院以外にかかっていて、労災指定病院に転医する場合は、変更届でなく、請求書様式第5号（第16号の3）を労災指定病院等に提出するということですね。

高橋
社労士
　病院を変更するのだから転医先に指定病院等（変更）届を提出すればよいと勘違いしそうですが、転医して初めて指定病院にかかる場合は、請求書様式第5号（第16号の3）（99（104）ページ参照）を提出することになります。

2 労災指定病院等にかからなかった（かかれなかった）場合

　労災事故が発生したときに、必ず労災指定病院に行けるのか、というと無理な場合もあると思います。そこで、その地域に労災指定病院等がない場合や、緊急で労災指定病院以外の病院等で治療を受けた場合には、その病院等で自費で治療を受けた後に、負担した費用を労働基準監督署へ請求して給付を受けることができるようになっています。

① 請求方法

<u>提出する請求書</u>（112ページ参照）
業務災害の場合：「療養補償給付及び複数事業労働者療養給付たる療

養の費用請求書」

病院の場合＝様式第７号（１）

薬局の場合＝様式第７号（２）

柔道整復師の場合＝様式第７号（３）

はり師、きゅう師、あんまマッサージの場合＝様式
第７号（４）

訪問看護事業者の場合＝様式第７号（５）

通勤災害の場合：「療養給付たる療養の費用請求書」

病院の場合＝様式第16号の５（１）

薬局の場合＝様式第16号の５（２）

柔道整復師の場合＝様式第16号の５（３）

はり師、きゅう師、あんまマッサージの場合＝様式
第16号の５（４）

訪問看護事業者の場合＝様式第16号の５（５）

②　提　出　先

労働基準監督署へ提出します。

> 労災事故なのに健康保険証を提示して受診してしまう場合もあると思うのですが、その場合に労災保険へ切り替えることはできますか。

高橋
社労士

> 労災扱いにすべきところを、誤って健康保険で受診してしまった場合でも、労災保険への切替えは可能です。まず、かかった病院に労災扱いにする旨の話をします。診察から日が経っていないようであれば、初診から労災扱いに切り替えられる場合もあります。
>
> すでに健康保険扱いでの事務処理が進行している場合は、加入する健康保険に対して、健康保険が負担した分を返納したうえで、自己負担分と返還金の合計を労災保険に費用請求することになります。

ア　労災指定病院以外の病院にかかった場合

　緊急で労災指定病院等にかかれなかった場合などでは、費用を負担したうえで、請求書裏面を病院で記入してもらって、労働基準監督署へ提出することになります。

> 　先日、海外へ出張した従業員が空港内でケガをしました。大したことはなかったので、とりあえず現地の病院で応急処置だけしてもらって帰国しましたが、海外で支出した費用を労災として請求できますか。

高橋
社労士

> 　海外でかかった費用についても費用請求することができます。この場合は、現地の医師から、傷病名、傷病経過、療養の期間、診療実日数、療養の内訳および費用について証明を受け、請求書に領収書を添付して請求することになります。また、証明書は和訳をしなければならず、日本において支払われる額は、支給決定日の為替レートで換算した額になります。

イ　柔道整復師にかかった場合

　柔道整復師には、その施術料金を労働者に代わって労働基準監督署に対して請求する柔道整復師（受任者払いの承認を受けている柔道整復師）と、その取扱いをしない柔道整復師がいます。
　受任者払いの承認を受けている柔道整復師にかかった場合は、請求書は柔道整復師に提出してください。それ以外の場合は、労働者が直接労働基準監督署へ提出することになります。

【参考通達】
「柔道整復師の施術について」昭31.11.6 基発第754号

ウ　はり・きゅうの施術、マッサージを受けた場合

　はり・きゅうの施術、マッサージは、医師がはり・きゅうの施術、マッサージが必要であると判断した場合に支給の対象となるものです。請求書は労働基準監督署へ提出することになりますが、所定の診断書、かかった費用の領収書、内訳書の添付が必要です。

　　　自分の判断で勝手にはり・きゅうの施術を受けてしまっても、労災保険から給付されないということですね。

高橋
社労士

　　　はり治療を受けたいと思っても、労災保険からの給付を受けるには、主治医がはり等の施術を必要と認めなければならず、請求にあたっては所定の診断書を添付しなければなりません。

【参考通達】
「労災保険における「はり・きゅう及びマッサージ」の施術に係る保険給付の取扱いについて」昭57.5.31基発第375号・平8.2.23基発第79号・平14.7.29基発第0729005号

エ　訪問看護事業者への費用を支出した場合

　重度のせき髄・頸髄損傷患者およびじん肺患者等、病状が安定またはこれに準ずる状態にあり、かつ居宅にて保健師、看護師、准看護師、理学療法士および作業療法士による療養上の世話および診療の補助が必要な労働者が対象となります。請求書は労働基準監督署へ提出することになりますが、かかった費用の領収書の添付が必要です。

【参考通達】
「労災保険における訪問看護の取扱いについて」平6.9.30基発第610号

オ 移送費・通院費を支出した場合

災害現場から医療機関へ行く場合、または自宅から通院のために医療機関へ行く場合、あるいは転医の場合の移動にかかった費用等についても、労災の支給対象になります。

ただし、一定の条件をクリアしなければなりませんので注意しましょう。

通院等にあたって支出した費用は領収書さえあれば支給されるものと思っていましたが、支給要件があるのですね。支給要件を簡単に教えてください。

高橋
社労士

通院費として支給されるためには、傷病労働者の居住地または勤務地と同一市町村内の適切な医療機関または隣接する市町村内の適切な医療機関、それ以外（同一・隣接市町村内に適した医療機関がない場合）の医療機関への通院のため、原則片道2km以上の通院であることが必要となっています。

【参考通達】
「「移送費の取扱いについて」の一部改正について」平20.10.30基発第1030001号
「移送のうち通院を取り扱うに当たって留意すべき事項について」平20.10.30基労補発第1030001号

③ 労災指定病院等にかからなかった（かかれなかった）場合の請求書の記載について

＊様式第7号（1）または様式第16号の5（1）を提出する場合

（厚生労働省ホームページより）

様式第7号(1)(裏面)

| （ワ）
労働者の
所属事業場の
名称・所在地 | ○○工業株式会社
川崎市川崎区榎町○-○ | （ヌ）負傷又は発病の時刻 | 午前
午後　10　時40　分頃 | （ル）災害発生の
事実を確認
した者の | 職名　第一工場長
氏名　○○二郎 |

（ワ）災害の原因及び発生状況　（あ）どのような場所で（い）どのような作業をしているときに（う）どのような物又は環境に（え）どのような不安全な又は有害な状態があって（お）どのような災害が発生したか（か）と初診日が異なる場合はその理由を詳細に記入すること

鋳物工場内の2階倉庫から1階作業場に通じる階段において、木箱（65×45
×20㎝）を倉庫から搬出作業中、後ろ向きに階段を下っていたため、足を踏
み外し、約1.7m下に転落し、左足首を捻挫した。

療養の内訳及び金額

診療内容		点数(点)	診療内容	金額	摘要
初診	時間外・休日・深夜		初診	円	
再診	外来診療料 ×　回		再診　　回	円	
	継続管理加算 ×　回		指導　　回	円	
	外来管理加算 ×　回		その他	円	
	時間外 ×　回				
	休日 ×　回		食事（基準　　　）		
	深夜 ×　回		円×　日間	円	
指導			円×　日間	円	
在宅	往診 回		円×　日間	円	
	夜間 回				
	緊急・深夜 回		小　計　②	円	
	在宅患者訪問診療 回				
	その他		摘要		
	薬剤 回				
投薬	内服 薬剤 単位				
	調剤 ×　回				
	屯服 薬剤 単位				
	外用 薬剤 単位				
	調剤 ×　回				
	処方 ×　回				
	麻毒 回				
	調基				
注射	皮下筋肉内 回				
	静脈内 回				
	その他 回				
処置	薬剤 回				
手術 麻酔	薬剤 回				
検査	薬剤 回				
画像 診断	薬剤 回				
その他	処方せん 回				
入院	入院年月日 年 月 日				
	病・診・衣 入院基本料・加算				
	×　日間				
	×　日間				
	×　日間				
	×　日間				
	特定入院料・その他				
小　計	点　①		合計金額 円 ①+②		

（注意）

一、共通の注意事項
　事項を選択する場合には、該当する事項を○で囲むこと。
（ロ）及び（ヨ）については、その者について複数の事業場から賃金の支払を受けている場合以外は記載する必要がないこと。

（二）（一）事業主の証明は受ける必要がないこと。
（四）（三）（二）（一）災害発生の事実を確認した者が、記載すること。
（ル）（ヲ）及び（ワ）については、第1回目の請求の場合又は前回の請求に係る労働保険番号と異なる場合にのみ記載すること。
（リ）（チ）については、その事業場について初めて療養補償給付たる療養の給付を受けようとするときに記載すること。
（ト）については、労働者の直接所属する事業場が一括適用の取扱いを受けている場合に、労働保険番号の下に（ ）を付して記載すること。

⑱その他就業先の有無
有の場合のその数 （ただし表面の事業場を含まない）	
有 無	社
有の場合 でいずれ かの事業 で特別加 入してい る場合の 特別加入 状況 （ただし 表面の事 業を含ま ない）	労働保険事務組合又は 特別加入団体の名称
	加入年月日 　　　年　　月　　日
	労働保険番号（特別加入）

五、複数事業労働者療養給付の請求は、傷病補償年金の支給決定がなされた場合、その請求をしないものとすること。
四、疾病に係る場合は、脳・心臓疾患、精神障害及びその他二以上の事業の業務を要因とすることが明らかな疾病以外は、療養補償給付のみで扱うこと。
六、「その他就業先の有無」欄の記載がない場合又は複数就業していない場合は、複数事業労働者療養給付の請求はないものとして取り扱うこと。

派遣先事業主が証明する事項（表面の⑦及び（ヌ）（ル）及び（ワ）の記載内容について事実と相違ないことを証明します。

派遣先事業 主証明欄	年 月 日	事業の名称		電話（　　）　　―
		事業場の所在地		〒　　―
		事業主の氏名		
		（法人その他の団体であるときはその名称及び代表者の氏名）		

社会保険 労務士 記載欄	作成年月日・提出代行者・事務代理者の表示	氏　名	電話番号
			（　　）　　―

〈記載事項に関する留意点〉

　緊急等の理由で、労災指定病院等にかからなかった（かかれなかった）場合には、かかった費用を一旦自身で負担し、負担した費用の請求を行うことになります。

　様式第7号（1）（業務災害）、様式第16号の5（1）では、療養費（薬局・柔道整復師・はりきゅう、マッサージ、訪問看護を除く）、看護料、移送費（通院費）、その他の療養費（固定装具の費用等）の請求を行うことができます。

　請求書の「（チ）療養の給付を受けなかった理由」の欄は必ず記入してください。

> 例えば、療養費と通院費を併せて請求する場合、それぞれ請求書を作成して提出しなければならないのですか。
>
> 高橋
> 社労士
>
> 　1枚の費用請求書で、療養費、看護料、移送費、その他の療養費（固定装具の費用等）を同時に記入して請求することができますので、請求書を分ける必要はありません。

　労災指定病院以外の通院で、薬局、柔道整復師、はり師、きゅう師・マッサージ、訪問看護事業者への費用を支出した場合は、様式第7号（業務災害）、様式第16号の5（通勤災害）の請求書を提出するのですが、それぞれ（2）〜（5）に区分されていますので、注意してください。請求書裏面の「療養の内訳及び金額」についての記載内容が異なるために区分されているものです。

業務災害の場合	「療養補償給付及び複数事業労働者療養給付たる療養の費用請求書」 病院の場合＝様式第7号（1） 薬局の場合＝様式第7号（2） 柔道整復師の場合＝様式第7号（3） はり師、きゅう師、あんまマッサージの場合＝様式第7号（4） 訪問看護事業者の場合＝様式第7号（5）
通勤災害の場合	「療養給付たる療養の費用請求書」 病院の場合＝様式第16号の5（1） 薬局の場合＝様式第16号の5（2） 柔道整復師の場合＝様式第16号の5（3） はり師、きゅう師、あんまマッサージの場合＝様式第16号の5（4） 訪問看護事業者の場合＝様式第16号の5（5）

　　労災扱いにするべきなのに、知らずに誤って、健康保険で受診してしまった場合、労災扱いに切り替えるにはどうすればよいのですか。

高橋
社労士

　　健保扱いから労災扱いに切替えが必要となった場合には、加入する健康保険（協会けんぽ・健康保険組合等）を取り扱っている医療機関等に対して申出をし自己負担分以外の費用を返納してもらったうえで、労災保険に対して費用請求することになります。病院の事務処理の状況から、その手続きを要せずに切替えができる場合もありますので、まず病院に相談してみるのがよいでしょう。
　　また、返納にあたって、返納額が高額になるなど処理に困る場合は、労働基準監督署に相談されるとよいでしょう。

Ⅳ 休業（補償）等給付
賃金がもらえないときの補償

　業務災害・複数業務要因災害または通勤災害による負傷や疾病で療養のために労働することができず、賃金が受けられない場合、その休業が4日以上に及ぶときは、休業4日目以降について休業（補償）等給付が支給されます。

　休業初日から3日目までは、「待期期間」といって労災保険からの給付は行われません。そのため、業務災害の場合は、事業主による災害補償を行わなければなりません。

支給要件

① 療養していること
② 労働することができないこと
③ 賃金を受けていないこと

支 給 額

休業（補償）等給付
　（給付基礎日額×0.6）×休業日数
休業特別支給金
　（給付基礎日額×0.2）×休業日数

① 請求方法

<u>提出する請求書</u>（121ページ参照）

業務災害の場合：「休業補償給付及び複数事業労働者休業給付支給請求書」（様式第8号）

通勤災害の場合：「休業給付支給請求書」（様式第16号の6）

②　提 出 先

労働基準監督署へ直接提出します。

③　賃金が支払われている場合の取扱い

御社の場合は業務災害による休業をした場合に、平均賃金の20％の賃金を支給する旨を就業規則で定めていますが、休業期間中に賃金が支給された場合の取扱いはどのようになるのでしょうか。

賃金が支給されている場合

給付基礎日額（平均賃金）の60％以上の賃金が支給されている

→「賃金を受けていない」ことに該当しないため休業による給付は行われない

給付基礎日額（平均賃金）の60％未満の賃金が支給されている

→「賃金を受けていない」ことに該当し、所定の給付が行われる

参考 一部休業（一部就労）した日の支給額
休業（補償）等給付

（給付基礎日額－支給された賃金額）× 0.6

休業特別支給金

（給付基礎日額－支給された賃金額）× 0.2

休業（補償）等給付の支給日数について教えてください。
例えば、休業期間中の土日は支給日数から除かれるのですか。また、週３日勤務のアルバイトが１カ月休業した場合、何日分支給されるのですか。

高橋
社労士

休業した日が事業場の所定休日であっても、給付要件に該当していれば「休業した日」として給付日数に含まれます。
また、週３日しか勤務しないアルバイトだとしても、勤務日数に応じた日数が支給されるのではなく、「労働することができない」状態が継続している場合は、休業日数は暦日数で支給されます。

健康保険の傷病手当金は給付される期間が決まっていますが、労災保険の休業（補償）等給付は支給期間の限度があるのでしょうか。

高橋
社労士

支給期間の限度は決まっていません。支給要件に該当していれば支給が継続されることになります。
ただし、療養開始後１年６カ月を経過し、傷病（補償）等年金の支給要件に該当した場合は、休業（補償）等給付に代わって傷病（補償）等年金が支給されることになります。

④　休業（補償）等給付と厚生年金等との調整

厚生年金保険法による障害厚生年金は、その傷病が業務災害・通勤災害によるものであっても支給されます。

厚生年金保険法　第47条第1項（障害厚生年金の受給権者）

　障害厚生年金は、疾病にかかり、又は負傷し、その疾病又は負傷及びこれらに起因する疾病につき初めて医師又は歯科医師の診療を受けた日において被保険者であった者が、当該初診日から起算して1年6カ月を経過した日において、その傷病により次項に規定する障害等級に該当する程度の障害の状態にある場合に、その障害の程度に応じて、その者に支給する。

　したがって、同一の事由（事故）で労災保険による給付と、障害厚生年金・障害基礎年金が同時に支給されることもあり得るということになります。その場合は、労災保険給付が減額調整されることになっていて、調整率については政令で定められています。

　障害厚生年金等との調整については労災保険給付が減額調整されるとのことですが、何か書類を提出する必要があるのでしょうか。

高橋
社労士

　同一事由で障害厚生年金等を受ける場合、障害厚生年金等の裁定通知書、支払通知書等、支給を受ける年金の種類、開始の時期、年金額を証明する書類の提出が必要になります。

【参考通達】

「休業補償給付について」昭40.7.31基発第901号

「休業補償給付の支給」昭40.9.15基災発第14号

「労働者災害補償保険法及び労働保険の保険料の徴収等に関する法律の一部を改正する法律の施行（第二次分）等について」昭62.3.30発労徴第23号・基発第174号

「残業中業務災害によって労務不能となった場合は休業日数に算入されるか」昭27.8.8基収第3208号

「日々雇い入れられる者の休業補償」昭23.8.9基収第2370号

「アルバイト学生に対する休業補償給付の支給について」昭28.4.6基災収第969号

「休業補償給付と厚生年金等との調整」昭61.3.29基発第179号

「雇用保険法等の一部を改正する法律等の施行について（労働者災害補償保険法関係部分）」令2.8.21基発0821第1号

⑤ 休業（補償）等給付の請求書の記載について

＊様式第8号または様式第16号の6を提出する場合

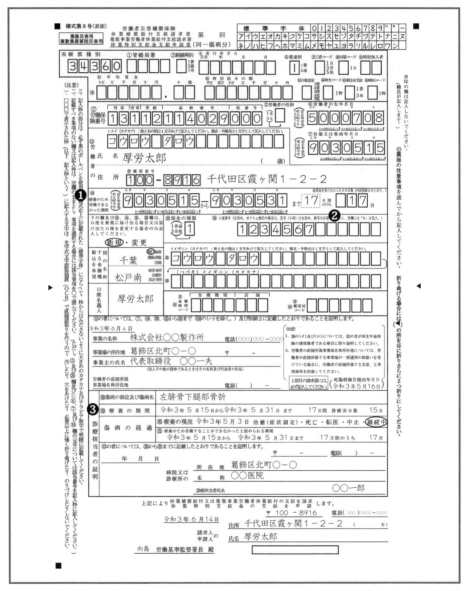

（厚生労働省ホームページより）

様式第8号(裏面)

㉘ 労働者の職種	㉙ 負傷又は発病の時刻	㉛平均賃金(算定内訳別紙1のとおり)
トラック運転手	午前・後 1時30分頃	11,921円 34銭

| ㉚所定労働時間 | 午前・後 8時30分から午前・後 5時00分まで | ㉜休業補償給付額、休業特別支給金額の改定比率 | 平均給与額証明書のとおり |

㉝災害の原因、発生状況及び発生当日の就労・療養状況

(あ)どのような場所で(い)どのような作業をしているときに(う)どのような物又は環境に(え)どのような不安全な又は有害な状態があって(お)どのような災害が発生したか(か)⑦と初診日と災害発生日が同じ場合は当日所定労働時間内に通院したか、⑦と初診日が異なる場合はその理由を詳細に記入すること

当社第2倉庫入口で18リットル入りの白灯油缶を倉庫に入れて
保管するため、トラックの荷台から両手でかかえて一缶ずつ運
搬中、コンクリートの床面にこぼれていた油で足をすべらせ、
灯油缶を左足に落とし、左足腓骨下腿部を骨折した。
負傷した後は休業となり、当日中にA病院を受診した。

㉞厚生年金保険等の受給関係

(イ) 基礎年金番号		(ロ)被保険者資格の取得年月日		年 月 日
(ハ)当該傷病に関して支給される年金の種類等	年金の種類	厚生年金保険法の イ 障害年金 ロ 障害厚生年金		
		国民年金法の ハ 障害年金 ニ 障害基礎年金		
		船員保険法の ホ 障害年金		
	障害等級			級
	支給される年金の額			円
	支給されることとなった年月日		年 月 日	
	基礎年金番号及び厚生年金等の年金証書の年金コード			
	所轄年金事務所等			

㉟その他就業先の有無

有 無	有の場合のその数 (ただし表面の事業場を含まない)	社
有の場合でいずれかの事業で特別加入している場合の特別加入状況(ただし表面の事業を含まない)	労働保険事務組合又は特別加入団体の名称	
	加入年月日	年 月 日
	給付基礎日額	円
	労働保険番号(特別加入)	

社会保険労務士記載欄	作成年月日・提出代行者・事務代理者の表示	氏 名	電話番号
			( ) ―

〔注 意〕

一 所定労働時間中に負傷した場合には、㉜及び㉝欄の記載を省略しても差し支えありません。

二 別紙2は、㉛欄の「賃金を受けなかった日」のうち、一部休業した日の全部又は一部について、負傷又は発病の当日に業務上の事由による療養のため所定労働時間中に業務に就くことができなかった期間のうち一部の期間についてのみ業務を離れた場合、その離れた期間について算定した平均賃金相当額を記載してください。

三 別紙1(平均賃金算定内訳)は、負傷又は発病の日以前のことについて記載してください。この場合、別紙1の平均賃金及び⑬欄の算定方法については記載する必要がありません。

四 別紙3は、㉞欄の「その他就業先の有無」で、「有」に〇を付けた場合に、その他就職先ごとに注意二及び三の規定に従って記載した別紙1及び別紙2を給付してください。

五 請求人(申請人)が、その他就労先事業の事業主の証明を受けることについて特別加入者であるときには、㉞及び㉟欄については記載する必要はありません。

(二)(一) 第二回以後の請求(申請)の場合には、㉘から㉝までの事項を記載する必要はありません。

(ニ)(ハ) ㉞欄の「その他就業先の有無」欄の記載がない場合又は複数就業していない場合は、その他就業先の数を記載する必要はありません。

六 第二回以後の請求(申請)の場合には、請求人(申請人)の分について記載する必要はありません。

七 ㉟欄の「その他就業先の有無」欄で複数就業している場合は、㉟欄の記載が必要です。

八 その他就業先ごとに注意二及び三の規定に従って記載した別紙1及び別紙2を給付してください。

九 複数事業労働者休業給付の請求は、休業補償給付の請求とあわせて行ってください。

十 休業特別支給金の支給の申請のみを行う場合には、㉜欄は記載する必要はありません。

(厚生労働省ホームページより)

122

〈記載事項に関する留意点〉

　休業に伴って、賃金の補てんを受けるための請求ですので、支給要件である①療養していること、②労働することができないこと、③賃金を受けていないことを満たしたうえで請求書を提出することになります。請求書の書面においては、①療養していること、②労働することができないことは診療担当者の証明によって確認し、③賃金を受けていないことは事業主証明によって確認されることになります。

　①療養していることは、医師等にかからず、市販の湿布薬等での措置で自宅療養して4日以上休業したとしても、要件は満たしたことにはなりません。また、療養し、労働することができなかったとしても、休業期間に対する賃金が支給されていれば、要件は満たしたことにはなりません。有給休暇を取得しても同様です。

　以下で、その他の注意点についてご説明します。

❶　請求日数および休業の初日の考え方

　休業（補償）等給付の請求書では、支給要件を満たす日について、「〇月〇日から△月△日までの●日間のうち▲日」と記入することになります。休業4日目から支給されるということから、4日目以降の日を記入するのではないかという勘違いをしている方もいますが、休業をした初日からの日数を請求しなければいけません。

　労働基準監督署において審査の後、支給決定された際に、休業日数から3日を差し引いて支給額を算出することになっています。

　では、「休業の初日」はどのように考えればよいのでしょうか。

高橋
社労士

「災害がいつ発生したのか」「災害発生日に一部休業したのか」「所定労働時間」との関連で「休業の初日」が異なります。

　休業した日として、どこから請求できるのかということですが、災害発生の時間、病院への受診の状況によって休業日のカウントが異なってきます。いくつか例を挙げてみましょう。

●**休業の初日の考え方**

> 例）　所定労働時間内に災害が発生⇒所定労働時間内に一部休業⇒翌日から休業した場合
> 　　➡災害発生日が休業の初日となる
> 例）　所定労働時間内に災害が発生⇒所定労働時間は就労⇒翌日から休業した場合
> 　　➡災害発生日の翌日が休業の初日となる
> 例）　所定労働時間外（例えば残業中）に災害が発生⇒受診⇒翌日から休業した場合
> 　　➡災害発生日の翌日が休業の初日となる

　このように、所定労働時間内での災害であっても、所定労働時間において一部休業した場合と、所定労働時間は就労し、その後に受診した場合とでは、翌日から休業に入った点は同じでも、休業日数のカウントは異なってきます。

❷　土日、休日の考え方

　休業期間について給付が行われるための要件は、①療養していること

と、②労働することができないこと、③賃金を受けていないことの3点ですが、支給要件を満たしていれば、会社の休みの日も「休業した日」となります。そのため、会社の休みの日も待期期間としてカウントし、休業期間の日数においても休日を含めることになります。

❸　「診療担当者の証明」欄と休業日数・請求日数の整合性について

　休業した日において、療養していたこと、労働することができなかったことについては「診療担当者の証明」によって確認されることになります。したがって、請求にあたっては、請求期間と診療担当者の証明期間の整合性がチェックポイントになります。

> 　1カ月休業していて、月の途中で転医した場合、転医後の病院の証明によって1カ月の休業（補償）等給付の請求をしてもよいのでしょうか。

高橋
社労士

> 　休業期間における療養の事実と労働することができなかったという事実について証明を受けることになりますので、転医前の病院にかかっていた期間と転医後の病院にかかった期間のそれぞれについて請求することになります。

❹　平均賃金算定内訳

　休業の第1回目請求にあたっては、「平均賃金算定内訳」（127ページ参照）を提出することになります。
　原則的な計算方法は、次のようになっています。

$$
平均賃金 = \cfrac{\begin{array}{l}算定事由発生日の直前の賃金締切日から遡って3カ月間に\\その労働者に支払われた賃金総額\\\left(\begin{array}{l}控除するもの：①臨時に支払われた賃金、②3カ月を超え\\る期間ごとに支払われる賃金、③労働協約に基づいて支払\\われるもの以外の実物給与等、④産前産後の休業期間など\\算定期間から除かれる期間中に支払われた賃金\end{array}\right)\end{array}}{\begin{array}{l}算定事由発生日の直前の賃金締切日から遡って3カ月の暦\\日数\\\left(\begin{array}{l}控除する期間：①業務上の負傷・疾病による療養のための\\休業期間、②産前産後の休業期間、③使用者の責に帰すべ\\き事由による休業期間、④育児・介護休業期間、⑤試用期間\end{array}\right)\end{array}}
$$

> 給付基礎日額の原則的な計算方法について教えていただきましたが、分母が算定事由発生日の直前の賃金締切日から遡って3カ月の暦日数ということは、算定事由発生日によって額が変わるということですね。

高橋
社労士

> 仰る通りです。分母は、89日、90日、91日、92日の4通りが想定されますので、同じ月給であっても、給付基礎日額が同じであるとは限りません。

　原則的な計算方法によらない、以下の場合の計算方法について簡単に解説します。

① 雇入れ3カ月未満の場合

　雇入れ後の期間と、その期間中の賃金の総額で計算します。ただし、その間に賃金締切日があるときは直前の締切日から起算します。

② 賃金締切日に算定事由が発生した場合

　例えば、賃金締切日が毎月末であって、6月30日に算定事由が発生した場合、直前の締切日を5月末として遡って3カ月の期間をとります。

様式第8号（別紙1）　（表面）

労　働　保　険　番　号					氏　　名	災害発生年月日
府県	所掌	管轄	基幹番号	枝番号	厚労太郎	令和3年　5月15日
1 3	1	1 2	1 1 4 0 2 9			

❹　平均賃金算定内訳

(労働基準法第12条参照のこと。)

雇　入　年　月　日	平成8年　4月　1日	常用・日雇の別	常用 日雇
賃　金　支　給　方　法	月給・週給・日給・時間給・出来高払制・その他請負制	賃金締切日	毎月　末日

		賃金計算期間	2月1日から 2月28日まで	3月1日から 3月31日まで	4月1日から 4月30日まで	計
A	月・週その他一定の期間によって支払ったもの	総　日　数	28日	31日	30日	(イ) 89日
		賃　金　基本賃金	300,000円	300,000円	300,000円	900,000円
		通勤手当	12,000	12,000	12,000	36,000
		手当	10,000	10,000	10,000	30,000
		計	322,000円	322,000円	322,000円	(ロ) 966,000円
B	日若しくは時間又は出来高払制その他の請負制によって支払ったもの	賃金計算期間	2月1日から 2月28日まで	3月1日から 3月31日まで	4月1日から 4月30日まで	計
		総　日　数	28日	31日	30日	(イ) 89日
		労　働　日　数	19日	22日	21日	(ハ) 62日
		賃　金　基本賃金	円	円	円	円
		残業手当	35,000	27,000	33,000	95,000
		手当				
		計	35,000円	27,000円	33,000円	(ニ) 95,000円
総		計	357,000円	349,000円	355,000円	(ホ) 1,061,000円
平　均　賃　金		賃金総額(ホ)1,061,000円÷総日数(イ)		89＝	11,921円	34銭

最低保障平均賃金の計算方法

Aの(ロ)　966,000円÷総日数(イ)　89＝ 10,853円 93銭 (ヘ)

Bの(ニ)　95,000円÷労働日数(ハ) 62× $\frac{60}{100}$ ＝ 919円 35銭 (ト)

(ヘ) 円 銭＋(ト) ＝ 11,773円 28銭 (最低保障平均賃金)

日日雇い入れられる者の平均賃金（昭和38年労働省告示第52号による。）	第1号又は第2号の場合	賃金計算期間	(ヌ) 労働日数又は労働総日数	(ル) 賃金総額	平均賃金(ヌ)÷(ル)× $\frac{73}{100}$
		月　日から 月　日まで	日	円	円 銭
	第3号の場合	都道府県労働局長が定める金額			円
	第4号の場合	従事する事業又は職業			
		都道府県労働局長が定めた金額			円
漁業及び林業労働者の平均賃金（昭和24年労働省告示第5号による。）		平均賃金協定額の承認年月日	年　月　日 職種	平均賃金協定額	円

① 賃金計算期間のうち業務外の傷病の療養等のため休業した期間の日数及びその期間中の賃金を業務

上の傷病の療養のため休業した期間の日数及びその期間中の賃金とみなして算定した平均賃金

(賃金の総額(ホ)－休業した期間にかかる②の(リ))　÷　(総日数(イ)－休業した期間②の(チ))

(円－ 円)÷(日－ 日)＝ 円 銭

（厚生労働省ホームページより）

③ 賃金締切日が算定期間中に変更となった場合

　賃金締切日が算定期間の３カ月間の途中において変更された場合には、厳格に３カ月の期間をとることなく、３カ月の暦日数に最も近い日数を算定期間とします。

④ 賃金ごとに締切日が異なる場合

　直前の締切日をそれぞれの賃金の締切日とします。

　例えば、基本賃金は毎月末締め、時間外手当は毎月10日締めの場合、記載例に当てはめると、基本賃金は2/1〜28、3/1〜31、4/1〜30の期間で、時間外手当は2/11〜3/10、3/11〜4/10、4/11〜5/10の期間で算出し、そして合算することになります。

⑤ 週給制の場合

　３カ月の暦日数に最も近い日数をとります。

⑥ 算定期間が２週間未満で、その間満稼働している場合

　算定期間中に支払われた賃金総額をその期間の総暦日数で除した金額の７分の６とします。

⑦ 雇入れ当日に算定事由が発生した場合

　都道府県労働局長が決定します。その場合、一定額の賃金があらかじめ定められている場合はその額によって推算し、定められていない場合は、当該事業場の同一業務に従事した労働者の平均から推算します。

⑧ 年俸制の場合

　年俸制で毎月払い部分と賞与部分を合計してあらかじめ年俸額が確定している場合の賞与部分については、「臨時に支払われた賃金」および「１カ月を超える期間ごとに支払われる賃金」のいずれにも該当しないものであり、この場合の平均賃金の算定については賞与部分を含めて年俸額の12分の１を１カ月の賃金として算定します。

【参考通達】

「給付基礎日額について」昭40.7.31基発第901号

「給付基礎日額の特例」昭52.3.30基発第192号

「算定すべき事由の発生した日」昭25.10.19基収第2908号

「所定労働時間が2暦日にわたる勤務を行う労働者に係る平均賃金の算定及び業務上疾病にかかった労働者に係る平均賃金の算定事由発生日の取扱い」昭45.5.14基発第374号

「算定期間が2週間未満で満稼働の場合等に関するもの」昭45.5.14基発第374号

「いわゆる月給日給制の場合の平均賃金の算定」昭30.5.24基収第1619号

「雇入れ後3カ月に満たない者の平均賃金の算定」昭27.4.21基収第1371号

「賃金締切日の変更と平均賃金の算定」昭25.12.28基収第3802号

「賃金ごとに異なる賃金締切日」昭26.12.27基収第5926号

「賃金ベースが遡って変更された場合の差額の取扱い」昭22.11.5基発第233号

「算定事由発生後賃金ベースが遡って変更された場合の差額」昭23.8.11基収第2934号

Ⅴ 障害（補償）等給付
負傷、疾病が治ったが障害が残ったときの補償

　労災事故による負傷、疾病が治ったときに身体に一定の後遺障害が残る場合があります。その場合、残ってしまった障害の程度に応じて給付が行われます。労災保険において「障害等級表」というものが定められており、障害等級は第1級から第14級に区分されています（236ページ巻末資料「障害等級表」参照）。

給付内容

残存した障害の程度により
① 障害等級第1級から第7級に該当の場合
　　障害（補償）等年金
　　障害特別支給金
　　障害特別年金
② 障害等級第8級から第14級に該当の場合
　　障害（補償）等一時金
　　障害特別支給金
　　障害特別一時金

1　治ゆについて

　障害の給付は、「治った」後に支給されるというのは
わかるのですが、例えば、骨折部位に痛みが残っていて、
まだ病院に通っているということがあると思うのですが、
この場合、いつをもって「治った」というのでしょう
か。

高橋
社労士

　労災保険で「治った＝治ゆ」というのは、健康時の
状態に回復した状態をいうのではなく、傷病の状態が
安定し、これ以上医療行為を重ねても医療効果が期待
できなくなった状態をいいます。そのため、骨折部位
に痛みが残っていても、これ以上改善されないならば、
その痛みは後遺障害ということになります。

【参考通達】
「治ゆの解釈」昭23.1.13基災発第3号
「治ゆの認定時期」昭26.6.25基災収第138号

2　障害（補償）等年金・障害（補償）等一時金

①　支　給　額

障害等級	障害（補償）等年金	障害特別支給金	障害特別年金
	給付基礎日額の	定額の一時金として	算定基礎日額の
第1級	313日分	342万円	313日分
第2級	277日分	320万円	277日分
第3級	245日分	300万円	245日分
第4級	213日分	264万円	213日分
第5級	184日分	225万円	184日分
第6級	156日分	192万円	156日分
第7級	131日分	159万円	131日分

障害等級	障害（補償）等一時金	障害特別支給金	障害特別一時金
	給付基礎日額の	定額の一時金として	算定基礎日額の
第8級	503日分	65万円	503日分
第9級	391日分	50万円	391日分
第10級	302日分	39万円	302日分
第11級	223日分	29万円	223日分
第12級	156日分	20万円	156日分
第13級	101日分	14万円	101日分
第14級	56日分	8万円	56日分

　障害等級表はどのような仕組みになっているのですか。

高橋
社労士

　障害補償の対象とする身体障害の程度は障害等級表に掲げられ、第1級から第14級までの14等級に区分されています。身体を部位に分け、次に各部位における障害を、運動障害、機能障害などの障害群に分けて、労働能力の喪失の程度に応じて配列しています。また、通達により複数の障害が残った場合、該当するものがない場合、加重障害の場合等について詳細に示しています。

【参考通達】
「障害等級認定基準について」昭50.9.30基発第565号・最終改正平23.2.1基発0201第2号
「神経系統の機能又は精神の障害に関する障害等級認定基準について」平15.8.8基発第0808002号

　ちなみに、私は左利きなのですが、仮に腕を失ったとしたら、右腕を失うのと、左腕を失うのとでは労働能力に大きな差があると思いま

す。ところが、障害等級表では、利き腕だからといって上の等級になるということはありません。

②　請求方法

<u>提出する請求書</u>（137ページ参照）

業務災害の場合：「障害補償給付　複数事業労働者障害給付支給請求書」（様式第10号）

通勤災害の場合：「障害給付支給請求書」（様式第16号の７）

　請求書には診断書を添付することになっており、負傷、疾病が治ったときの障害の状態について、医師の診断書として記入してもらう必要があります。診断書作成にあたって支払った診断書料については医師に支払い、業務災害の場合は「療養補償給付及び複数事業労働者療養給付たる療養の費用請求書」様式第７号（１）（112ページ参照）、通勤災害の場合は「療養給付たる療養の費用請求書」様式第16号の５（１）を労働基準監督署へ提出して支給を受けることになります。通勤災害の場合は、「通勤災害に関する事項」（様式16号の７別紙）（138ページ参照）の添付が必要です。

③　提 出 先

　労働基準監督署へ直接提出します。

　障害（補償）等給付請求書を提出した後、障害等級の認定（決定）はどのように行われるのですか。

高橋
社労士

　障害の状態に応じて労働基準監督署において障害認定日が設定され、請求人に対して通知されます。認定日にＸ線写真等を持参して認定を受けることとなり、結果は後日通知されます。障害の部位によっては、労働基準監督署以外で認定が行われる場合もあります。

③ 障害（補償）等年金前払一時金

　障害（補償）等年金を受給することになった労働者が、例えば、転居する、家の改造をするなどの理由で、「年金を前払いで受けたい」という場合もあるでしょう。その場合には、請求により障害等級に応じて定められた日数分、年金の前払いとして給付を受けることができます。

①　支　給　額

	年金としての支給額	請求できる前払一時金の日数
第1級	給付基礎日額の313日分	200、400、600、800、1,000、1,200、1,340日分
第2級	給付基礎日額の277日分	200、400、600、800、1,000、1,190日分
第3級	給付基礎日額の245日分	200、400、600、800、1,000、1,050日分
第4級	給付基礎日額の213日分	200、400、600，800、920日分
第5級	給付基礎日額の184日分	200、400、600、790日分
第6級	給付基礎日額の156日分	200、400、600、670日分
第7級	給付基礎日額の131日分	200、400、560日分

　前払一時金が支給されると、年金の支給分としての合計額（1年経ってからの分は年5分の単利で割り引いた額）が、前払一時金の額に達するまでの間、年金が支給停止されることになっていますので、請求する給付日数の選択は慎重に行う必要があります。

②　請求方法

<u>提出する請求書</u>（140ページ参照）

　「障害補償年金　複数事業労働者障害年金　障害年金前払一時金請求書」（年金申請様式第10号・業務災害、通勤災害共通）

③　提　出　先

　労働基準監督署へ直接提出します。

4　障害（補償）等年金差額一時金

　障害（補償）等年金を受けている労働者が死亡してしまった場合、死亡までに支払われた障害（補償）等年金と障害（補償）等年金前払一時金の合計額が障害等級に応じて定められた一定額に達していないときには、その差額に相当する額の障害補償年金差額一時金が、その遺族に対して支給されます（障害特別年金も同様です）。

　すでに支給された額が、障害等級に応じて定められた一定額に達しているかどうかが不明の場合は、請求前に労働基準監督署に相談するとよいでしょう。

①　支　給　額

	障害（補償）等年金差額一時金	障害特別年金差額一時金
第1級	給付基礎日額の1,340日分	算定基礎日額の1,340日分
第2級	給付基礎日額の1,190日分	算定基礎日額の1,190日分
第3級	給付基礎日額の1,050日分	算定基礎日額の1,050日分
第4級	給付基礎日額の 920日分	算定基礎日額の 920日分
第5級	給付基礎日額の 790日分	算定基礎日額の 790日分
第6級	給付基礎日額の 670日分	算定基礎日額の 670日分
第7級	給付基礎日額の 560日分	算定基礎日額の 560日分

支給を受けることができる遺族

①　労働者の死亡当時、その者と生計を同じくしていた配偶者（婚姻の届出をしていないが、事実上婚姻関係と同様の事情があった者を含む。②も同じ）、子、父母、孫、祖父母、兄弟姉妹

②　労働者の死亡当時、その者と生計を同じくしていなかった配偶者、子、父母、孫、祖父母、兄弟姉妹

②　請求方法

提出する請求書（141ページ参照）

「障害（補償）等年金差額一時金支給請求書」（様式第37号の2・業務災害、通勤災害共通）

③　提　出　先

労働基準監督署へ直接提出します。

5 障害（補償）等給付の請求書の記載について

① 障害（補償）等年金・障害（補償）等一時金

＊様式第10号または様式第16号の7を提出する場合

様式第10号（表面）

業務災害用
複数業務要因災害用

労働者災害補償保険

支給請求書
支給申請書

フリガナ　コウロウ．タロウ

氏名　厚労 太郎　（男・女）

生年月日　昭和○○年　3月　10日（○○歳）

フリガナ　チヨダク．カスミガセキ

住所　千代田区霞ヶ関1-2-2

④ 負傷又は発病年月日
令和4年　5月　24日
午後　3時　30分頃

⑤ 治癒（症状固定）年月日
令和4年　9月　6日

⑥ 平均賃金
6,338円　12銭

⑦ 特別給与の総額（年額）
650,000円

⑧ 災害の原因及び発生状況
○○ビル建設現場において足場の組立作業中に誤って足場板を右足甲に落とし骨折した

③の者については、④、⑤から⑧まで並びに⑨の④及び⑪に記載したとおりであることを証明します。

令和4年　9月　10日

事業の名称　株式会社○○工務店　電話（○○）○○○○-○○○○

事業場の所在地　台東区下谷町○-○-○　〒○○○-○○○○

事業主の氏名　代表取締役　○○二郎

⑨ 障害の部位及び状態（診断書のとおり）　既存障害がある場合には　650,000

添付する書類その他の資料名　レントゲン写真2枚

年金の払渡しを受けることを希望する金融機関又は郵便局

台東　銀行・金庫　農協・漁協・信組　荒川　本店・本所　出張所　支店・支所

預金通帳の記号番号　普通・当座　第　123456

上記により　○○の支給を請求します。

〒100-8916

電話（○○）○○○○-○○○○

令和4年　9月　13日

上野　労働基準監督署長　殿

請求人
申請人

住所　千代田区霞ヶ関1-2-2

氏名　厚労太郎

振込を希望する金融機関の名称

台東　銀行・金庫　農協・漁協・信組　荒川　本店・本所　出張所　支店・支所

預金の種類及び口座番号　普通・当座　第　口座名義人　厚労太郎　123456号

（厚生労働省ホームページより）

〈記載事項に関する留意点〉

　業務災害、通勤災害による負傷、疾病が治った後に身体に一定の障害が残ってしまった場合の給付ですので、治ゆ（症状固定）をもって請求することになります。

様式第16号の7（別紙）

通 勤 災 害 に 関 す る 事 項

㋑ 労 働 者 の 氏 名	厚労花子		
㋺ 災害時の通勤の種別 （該当する記号を記入）	イ	イ、住居から就業の場所への移動　ロ、就業の場所から住居への移動 ハ、就業の場所から他の就業の場所への移動 ニ、イに先行する住居間の移動　　ホ、ロに接続する住居間の移動	
㋩ 負傷又は発病の年月日及び時刻	令和3年 7月 1日 午前(後) 8時 20分頃		
㋥ 災 害 発 生 の 場 所	西東京市中町○丁目付近		
㋭ 就 業 の 場 所 （災害時の通勤の種別がハに該当する場合は移動の終点たる就業の場所）	西東京市中町○-○-○		
㋬ 就業開始の予定年月日及び時刻 （災害時の通勤の種別がイ、又はニに該当する場合は記載すること）	令和3年 7月 1日 午前(後) 8時 45分頃		
㋣ 住居を離れた年月日及び時刻 （災害時の通勤の種別がイ、又はニに該当する場合は記載すること）	令和3年 7月 1日 午前(後) 8時 00分頃		
㋠ 就業終了の年月日及び時刻 （災害時の通勤の種別がロ、ハに該当する場合は記載すること）	年　　月　　日 午前後　　時　　分頃		
㋷ 就業の場所を離れた年月日及び時刻 （災害時の通勤の種別がロ又はハに該当する場合は記載すること）	年　　月　　日 午前後　　時　　分頃		

㋦ 災害時の通勤の種別に関する移動の通常の経路及び方法及び所要時間並びに災害発生の日に就業又は就業しようとした年月日の経過その他の状況

自宅 ─自転車 5分─ 保育園 ─自転車 25分─ 会社

保育園

工事現場　会社

自宅

（通常の移動の所要時間）　時間 30分

㋧ 災害の原因及び発生状況 (あ)どのような場所を (い)どのような方法で移動している際に (う)どのような物で又はどのような状況において (え)どのようにして災害が発生したか を簡明に記載すること	長男を自宅近くにある保育園にあずけるため自転車で送っていき、その後会社に向かう途中、工事現場の横にさしかかったところ、クレーンから落下した資材の下敷きとなり両足を骨折した。		
㋨ 現 認 者 の	住 所	西東京市中町○-○-○	
	氏 名	○○正夫　　電話（○○○）○○○○-○○○○	
㋩ 転任の事実の有無（災害時の通勤の種別がニ又はホに該当する場合）	有　・　無	㋾ 転任の直前の住居に係る住所	

〔注意〕

1．㋬は、災害時の通勤の種別がハの場合には、移動の終点たる就業の場所における就業開始の予定年月日及び時刻を、ニの場合には、後続するイの移動の終点たる就業の場所における就業開始の予定の年月日及び時刻を記載すること。

2．㋠は、災害時の通勤の種別がハの場合には、移動の起点たる就業の場所における就業終了の年月日及び時刻を、ホの場合には、先行するロの移動の起点たる就業の場所における就業終了の年月日及び時刻を記載すること。

3．㋷は、災害時の通勤の種別がハの場合には、移動の起点たる就業の場所を離れた年月日及び時刻を記載すること。

4．㋦は、通常の移動の経路を図示し、災害発生の場所及び災害の発生の日に住居又は就業の場所から災害発生の場所に至った経路を朱線等を用いてわかりやすく記載するとともに、その他の事項についてもできるだけ詳細に記載すること。

（厚生労働省ホームページより）

以下、注意点についてご説明します。

❶　裏面診断書の作成費用

　障害（補償）等給付支給請求書には、残存した障害の状態についての診断書を添付することになっていて、医師が記入することになります。「診断書」ですので、作成費用がかかることになり、通常は請求人に対して請求されます。診断書料を負担した場合には、療養の費用請求書（様式第7号または16号の5）を提出することにより支給を受けることができます（4,000円が限度）。その際には、医療機関が発行した領収書の添付が必要です。

❷　傷病の部位が複数あり、複数科での治療を行って症状固定した場合

　例えば、整形外科で頬骨骨折の治療を受け、歯の欠損によって歯科にもかかったような場合のように、複数の診療科にかかり、治ゆとなった場合には、整形外科、歯科の2通の請求書を提出する必要があります。

　整形外科部分は治したが歯科が治ゆとなっていない場合に、整形外科部分の請求書を提出しても、全体としての障害等級の決定ができません。

❸　請求書提出後の障害認定

　障害の請求書を提出すると、障害の状態に応じて労働基準監督署から障害認定のための呼出し通知が発送されますので、レントゲン写真等を持参（病院等から借用）して監督署へ出向きます。障害等級の認定が行われ、障害等級表に該当する障害が認められた場合に、所定の給付が行われることになります。

　整形外科以外の、例えば歯、眼の障害、胸腹部臓器の障害等については労働基準監督署での障害認定ではなく、労働基準監督署の受診命令により専門医の診断を受けることによって障害等級の認定が行われます。

② 障害（補償）等年金前払一時金

＊年金申請様式第10号（業務災害・通勤災害共通）を提出する場合

労働者災害補償保険

障害補償年金
複数事業労働者障害年金
障害年金　**前払一時金請求書**

（注意）請求する給付日数欄の（　）には、加重障害の給付日数を記入すること。

年金証書の番号	管轄局	種別	西暦年	番　　号
	13	3	13	9876

請　求　人 （被災労働者）	氏　名	労働一郎	生年月日	明・大・昭・平・令　○○年　8月　6日
	住　所	千代田区霞ヶ関１－２－２		

請求する給付日数（チェックを入れる）

										労災年金受給の有無
第一級	200	400	600	800	1000	1200	1340 日分	（　　）		受けている
第二級	200	400	600	800	1000	1190 日分		（　　）		
第三級	200	400	(600)	800	1000	1050 日分		（　　）		受けていない
第四級	200	400	600	800	920 日分			（　　）		
第五級	200	400	600	790 日分				（　　）		
第六級	200	400	600	670 日分				（　　）		
第七級	200	400	560 日分					（　　）		

上記のとおり　障害補償年金／複数事業労働者障害年金／障害年金　前払一時金を請求します。

令和3年　5月　9日

郵便番号　100－8916　　　　　電話番号　○○○－○○○○－○○○○

請求人の
（代表者）

住　所　千代田区霞ヶ関１－２－２

氏　名　　　労働一郎

　　　　　　労働基準監督署長　殿

振込を希望する銀行等の名称		預金の種類及び口座番号	
品川　銀行　金庫 農協　漁協　信組	御殿山　本店 支店 支所	普通　当座　第　１２３４５６　号	
		名義人　労働一郎	

（厚生労働省ホームページより）

③　障害（補償）等年金差額一時金

＊様式第37号の２（業務災害・通勤災害共通）を提出する場合

様式第37号の２（表面）

労働者災害補償保険

障害補償年金差額一時金支給請求書
複数事業労働者障害年金差額一時金支給請求書
~~障害年金差額一時金支給請求書~~
障害特別年金差額一時金支給申請書

① 年 金 証 書 番 号				② 死 亡 労 働 者 の	フ リ ガ ナ	ロウドウ タロウ		
					氏　　名	労働 太郎		⑨・女
管轄局	種別	西暦年	番　　号		生 年 月 日	昭和○○年　　6月　　19日（○○歳）		
1 3	3	8	1 0 0 6 8		死 亡 年 月 日	令和3年　　7月　　20日		

	氏　　名	生年月日	住　　　所	死亡労働者との関係	請求人（申請人）の代表者を選任しないときはその理由
③ 請申 求請 人人	労働花子	昭和 ○○年 2月23日	千代田区霞ヶ関1－2－2	妻	
		年　月　日			
		年　月　日			
		年　月　日			
		年　月　日			

④	添 付 す る 書 類その他の資料名	戸籍謄本　住民票

障害補償年金差額一時金又は複数事業労働者障害年金差額一時金の支給を請求

上記により　~~障 害 年 金 差 額 一 時 金 の 支 給 を 請 求~~　します。

障 害 特 別 年 金 差 額 一 時 金 の 支 給 を 申 請

令和3年 8月 6日　　　　　　　　　　〒100－8916　電話(○○○)○○○○－○○○○

請求人
申請人　の　　住 所　千代田区霞ヶ関1－2－2
（代表者）　　　　　　　　　　　　　　　　　　　　　　　方

労働基準監督署署長　殿　　　　氏 名　　労働花子

振込を希望する金融機関の名称			預金の種類及び口座番号	
大東	⑲銀行・金庫農協・漁協・信組	渋谷	本店・本所 出張所 ⑨支店・支所	⑨普通・当座　第 1 2 3 4 5 6 号 口座名義人　労働花子

（厚生労働省ホームページより）

Ⅵ 介護（補償）等給付
重い障害が残り介護を受けているときの補償

　障害等級第1級の方と、第2級の神経系統の機能もしくは精神、または胸腹部臓器の機能に著しい障害を有している方が、現に介護を受けている場合に、介護（補償）等給付が支給されます。

① 支給額（令5.4.1現在）

	民間の有料介護サービスを受けている場合	親族または友人・知人の介護を受けている場合
常時介護	介護の費用として支出した額 上限：月額　　172,550円	費用の支出額に応じた額 下限：月額　　　77,890円 上限：月額　　172,550円
随時介護	介護の費用として支出した額 上限：月額　　86,280円	費用の支出額に応じた額 下限：月額　　　38,900円 上限：月額　　86,280円

> 　支給額が月額となっていますが、月の途中から介護を受けた場合の支給額はどうなりますか。

高橋 社労士

> 　月の途中から介護を受けた場合は、
> ①　介護費用を支払っている場合は上限額の範囲内で支給され、
> ②　介護費用を支払わないで親族等から介護を受けた場合は、その月は支給されません。

月単位で支給されるとのことですが、介護を受けた月ごとに請求書を提出する必要があるのでしょうか。

高橋
社労士

月を単位として支給されますので請求は1カ月単位となりますが、1枚の請求書で3カ月分をまとめて請求することができます。

支給要件

① 　一定の障害の状態に該当すること
〈常時介護状態〉
　神経系統の機能もしくは精神または胸腹部臓器の機能に著しい障害を残し、常時介護を要する状態に該当する者（障害等級第1級3、4号、傷病等級第1級1、2号）および前記と同程度の介護を要する状態である者
〈随時介護状態〉
　神経系統の機能もしくは精神または胸腹部臓器の機能に著しい障害を残し、随時介護を要する状態に該当する者（障害等級第2級2号の2、2号の3、傷病等級第2級1、2号）、障害等級第1級または傷病等級第1級に該当する者で、常時介護を要する状態ではない者
② 　民間の有料の介護サービス、親族または友人・知人により、現に介護を受けていること
③ 　病院または診療所に入院していないこと
④ 　十分な介護サービスを提供している施設に入所していないこと

② 請求方法

提出する請求書（次ページ参照）

　「介護補償給付 複数事業労働者介護給付 介護給付支給請求書」（様式第16号の2の2・業務災害、通勤災害共通）

　添付書類として、初回請求においては日常生活の状態に関する医師の診断書（所定様式）が必要であり、介護に要する費用を支出して介護を受けた日がある場合は証明する書類（146ページ参照）、親族等により介護を受けた場合には介護の事実についての申立書が必要です。

③ 提　出　先

　労働基準監督署へ直接提出します。

④　介護（補償）等給付の請求書の記載について

＊様式第16号の２の２（業務災害・通勤災害共通）を提出する場合

■ 様式第16号の２の２（表面）

労働者災害補償保険
介護補償給付
複数事業労働者介護給付　**支給請求書**
介護給付

標準字体
アカサタナハマヤラワ
0 1 2 3 4 イキシチニヒミ リ ン
5 6 7 8 9 ウクスツヌフムユル ゛ ゜
エケセテネヘメ レ （例）
オコソトノホモヨロ ー ガ ”パ”

※裏面、半濁
点は一文字
として書い
てください。

※帳票種別	3 5 2 9 0

③特別
支給金額

②管轄局署　④受付年月日

③労働者
区分 □1 有
　　□3 無

（注意）

（イ）年金証
書の番号

管轄局　種別　西暦年　番号
1 1 3 9 1 9 9 0 0

□受給している労災年金の種類
☑障害（補償）等年金　1級
□傷病（補償）等年金　　級

（ト）障害の部位及び状態並びに当該障害
を有することに伴う日常生活の状態
については別紙診断書のとおり。

（二）氏名（カタカナ）：姓と名の間は1文字あけてダメに記入してください。
コウロウ　タロウ

生年月日　昭和　〇〇年　2月　2日

氏名　厚労　太郎　住所　千代田区霞ヶ関１－２－２

（ホ）請求対象年月	（リ）介護を受けた日数	（ヲ）費用を支出して介護を受けた日数	（ワ）介護に要した費用として支出した費用の額	介護に従事した者	親族⑯	友人・知人⑰	看護師・家政婦又は看護補助者⑱	施設職員⑲
❶ 9 0 3 0 6				親族				
9 0 3 0 7	1 2		7 2 0 0 0	親族				
9 0 3 0 8				親族				

振込を希望する金融機関の名称　口座名義人　㉓※金融機関コード

| 東部　越谷 | 厚労太郎 | 金融機関　店舗 |

（ヲ）預（貯）金の種類　㉒口座番号　㉔※郵便局コード

1 1 2 3 4 5 6 7

1:普通
3:当座

口座名義人（カタカナ）：姓と名の間は1文字あけて左ヅメに記入してください。
コウロウ　タロウ

（続き）口座名義人（カタカナ）

| （リ）介護を受けた場所等 | イ 病院、診療所、介護老人保健施設、介護医療院、特別養護老人ホーム及び原子爆弾被爆者特別養護ホームは除く。 | 所在地 | 名称 |
| 住居　施設等 | | 電話（　　）　　－ | |

（ヌ）介護に従事した者

氏　名	生年月日	続柄	介護期間・日数	区　分
厚労花子	昭和〇〇年　1月15日	妻	6月　1日から　8月31日まで　72日間	イ 親族　ロ 友人・知人　ハ 看護師・家政婦又は看護補助者　ニ 施設職員
労働恵子	昭和〇〇年　3月15日	義妹	6月　1日から　8月31日まで　27日間	イ 親族　ロ 友人・知人　ハ 看護師・家政婦又は看護補助者　ニ 施設職員
	年　月　日		7月　3日から　7月27日まで　12日間	イ 親族　ロ 友人・知人　ハ 看護師・家政婦又は看護補助者　ニ 施設職員

（ル）添付する書類　イ 診断書　　☑ 介護に要した費用の額の証明書（1 通）

介護補償給付
上記により複数事業労働者介護給付　の支給を請求します。
介護給付

令和3年　9月　4日

〒100－8916　電話（〇〇〇）〇〇〇〇－〇〇〇〇
住所　千代田区霞ヶ関１－２－２

請求人の
氏名　厚労太郎

春日部労働基準監督署長　殿

［介護の事実に関する申立て］　私は、上記（リ）及び（ヌ）のとおり介護に従事したことを申し立てます。

| 住所 | 千代田区霞ヶ関１－２－２ | 氏 | 厚労花子　〇 | 電話 | 〇〇〇－〇〇〇〇－〇〇〇〇 |
| | 千代田区九段南〇－〇－〇 | 名 | 労働恵子　〇 | 番号 | 〇〇〇－〇〇〇〇－〇〇〇〇 |

（厚生労働省ホームページより）

❷　介護に要した費用の額の証明書

被介護者氏名	厚労　太郎	対象年月	令和３年　７月分

<table>
<tr><td rowspan="11">介護人の証明</td><td>介護を行った日及び日数</td><td>３日から　　　　27日まで
　　日から　　　　　日まで
　　　　　　　計　　　12日　間</td></tr>
<tr><td>介護を行った場所</td><td>厚労太郎　宅
（千代田区霞ヶ関１－２－２）</td></tr>
<tr><td>代　　金</td><td>72,000 円</td></tr>
</table>

　　令和３年　７月における介護の代金として上記の金額を領収したことを証明します。

　　　令和３年　　９月　　４日

　介護人の　住　　所　越谷市千間台×－×
　　　　　　電　　話　　　0489－×0－9182
　　　　　　氏　　名　基準友子
　　　　　　職　　業　（家政婦）看護師・その他　（　　　　　　　　　　）
　　　　　　被介護者との親族関係　　⊗有（被介護者の　　　　　　　）
　　　　　　被介護者との同居の有無　　有・⊗

〔注意〕　　1. 介護人の職業欄、被介護者との親族関係の欄及び被介護者との同居の有無欄は、該当事項を○で囲み、必要事項を記載すること。

（厚生労働省ホームページより）

〈記載事項に関する留意点〉

❶　請求した対象年月と介護に従事した者の記載について

　記載例は6月1日～8月31日の全日にわたり妻が介護し、その間の27日間については義妹が介護、7月3日から同27日までのうち12日間については看護師・家政婦または看護補助者を利用したという内容になっています。

　「いつ」「誰が」介護したのか、費用がかかった場合には「いくら」支出したのかを記載しなければ、支給額の算出ができません。

> 　この記載例の場合、同居の妻が介護に従事した者として記載されています。同居の妻が介護に従事したとしても介護（補償）等給付の給付要件を満たすのですか。

高橋
社労士

> 　常時介護、随時介護を要する状態に該当していますので、病院・診療所に入院していないこと、老人保健施設等の施設に入所していないことにより介護を受けている場合は、同居の妻が介護に従事していたとしても給付要件を満たすことになります。

❷　介護に要した費用の額の証明書

　請求書に記載した72,000円について、介護人が領収したことを証明する書類になります。

　複数月において費用を支出した場合であっても、1枚にまとめて記入せず、各月の証明書を作成してください。

Ⅶ 遺族（補償）等給付

死亡してしまったときの補償

　労働者が、業務上または通勤により死亡したとき、遺族に対して遺族（補償）等給付が支給されます。遺族（補償）等年金を受給することができる遺族がいるかどうかで給付内容が変わり、生計維持関係のあった遺族がいれば年金、いなければ一時金としての支給になります。

給付内容

　死亡した当時の遺族状況（生計維持関係にあった遺族の有無）に応じて年金または一時金が支給されます。

① 生計維持関係のあった遺族がいる場合
　遺族（補償）等年金
　遺族特別支給金
　遺族特別年金

② 生計維持関係のあった遺族がいない場合
　遺族（補償）等一時金
　遺族特別支給金
　遺族特別一時金

---

1 遺族（補償）等年金

① 支給額

遺族数	遺族（補償）等年金	遺族特別支給金	遺族特別年金
	給付基礎日額の	定額の一時金として	算定基礎日額の
1人	153日分 （ただし、その遺族が55歳以上の妻または一定の障害状態にあ	300万円	153日分 （ただし、その遺族が55歳以上の妻または一定の障害状態にあ

	る妻の場合は175日分）	る妻の場合は175日分）
2人	201日分	201日分
3人	223日分	223日分
4人以上	245日分	245日分

②　請求方法

<u>提出する請求書</u>（156ページ参照）

業務災害の場合：「遺族補償年金 複数事業労働者遺族年金支給請求書」（様式第12号）

通勤災害の場合：「遺族年金支給請求書」（様式第16号の８）

　死亡診断書、戸籍謄本、住民票等、多くの添付書類が必要となりますので、提出前に労働基準監督署へ確認したほうがよいでしょう。

③　提　出　先

　労働基準監督署へ直接提出します。

④　遺族（補償）等年金の受給権者の順位

順　位	受給資格者
1	妻または60歳以上か一定の障害の夫
2	18歳に達する日以後の最初の３月31日までの間にあるか一定の障害の状態にある子
3	60歳以上か一定の障害の状態にある父母
4	18歳に達する日以後の最初の３月31日までの間にあるか一定の障害の状態にある孫
5	60歳以上か一定の障害の状態にある祖父母
6	18歳に達する日以後の最初の３月31日までの間にあるか60歳以上、または一定の障害の状態にある兄弟姉妹
7	55歳以上60歳未満の夫
8	55歳以上60歳未満の父母
9	55歳以上60歳未満の祖父母
10	55歳以上60歳未満の兄弟姉妹

この表でわかるように、妻以外の遺族については、労働者の死亡当時に一定の年齢以下、年齢以上であるか、あるいは一定の障害の状態であることが必要となっています。

　一定の障害の状態とは、障害等級第5級以上の身体障害をいいます。

　順位の最上位の者が年金を受給するということですが、その方が亡くなられたりしたら、年金の支給がそこで終わるということですか。

高橋
社労士

　最先順位者が受給権者として支給を受けますが、その者が死亡や再婚によって受給資格を失う場合があります。その場合、次の順位者が受給権者となって支給が継続されることになっています。これを「転給」といいます（158ページ参照）。

　記載例（158ページ参照）は、厚労太郎さんの死亡に伴って遺族（補償）等年金を受けていた厚労友子さんが失権したために、次順位であった子が転給を受けるために提出したものです。

　失権事由は以下の通りです。

ア　死亡したとき

イ　婚姻（届出はしていないが、事実上の婚姻関係と同様の事情にある場合を含む）をしたとき

ウ　直系血族または直系姻族以外の者の養子（届出はしていないが事実上養子縁組関係と同様の事情にある場合を含む）となったとき

エ　離縁により死亡労働者との親族関係が終了したとき

オ　子、孫または兄弟姉妹については、18歳に達する日以後の最初の3月31日が終了したとき（労働者の死亡当時から引き続き一定障害の状態にあるときを除く）

カ　一定障害の状態にある夫、子、父母、孫、祖父母または兄弟姉妹についてはその事情がなくなったとき

2　生計維持関係とは

　遺族（補償）等年金を受給できる遺族とは、「労働者の死亡当時その者の収入によって生計を維持していた配偶者（内縁関係を含む）、子、父母、孫、祖父母、兄弟姉妹」とされています。その受給資格を有する遺族を「受給資格者」といいますが、「受給資格者」には順位があり、最上位の順位の者が「受給権者」ということになります。

　生計維持関係とは具体的どのような状態をいうのですか。共働きの場合はどうなるのでしょうか。

高橋
社労士

　生計維持関係というのは、労働者の収入によって日常の消費生活の全部または一部を営んでおり、死亡労働者の収入がなければ通常の生活水準を維持することが困難となるような関係をいうとされています。
　労働者の収入によって生計の一部を維持されていれば足り、いわゆる共働きもこれに含まれるとされています。

　同順位の受給権者が2人以上いる場合は、年金の支給はどのように行われるのでしょうか。

高橋
社労士

　同順位の受給権者が2人以上いる場合には、そのうちの1人を請求・受領についての代表者として処理されます。
　代表者選任は、請求時に「遺族（補償）等年金代表者選任（解任）届」（年金申請様式第7号）の提出によって行います。

3 遺族（補償）等一時金

　遺族（補償）等年金を受ける遺族がいない場合は、遺族（補償）等
一時金が給付されます。

　また、年金で支給を受けていたけれども、受給する遺族がいなく
なってしまったときに、そこまでに受けてきた年金の合計が一定額以
下であった場合にも支給されることになっています。

支給要件

① 労働者の死亡当時、遺族（補償）等年金
を受けるべき遺族がいない場合

② 遺族（補償）等年金の受給権者が最後の
順位者まですべて失権してしまったときに、
受給権者であった遺族の全員に対して支払
われた年金の額および遺族（補償）等年金
前払一時金の額の合計額が給付基礎日額の
1,000日分に満たない場合

① 支　給　額

	遺族（補償）等一時金	遺族特別支給金	遺族特別一時金
① 労働者の死亡当時、遺族（補償）等年金を受ける遺族がいない場合	給付基礎日額の1,000日分	300万円	算定基礎日額の1,000日分
② 遺族（補償）等年金の受給権者が最後の順位者まですべて失権してしまったときに、受給権者であった遺族の全員に対して支払われた年金額および遺族（補償）等年金前払一時金の額の合計額が給付基礎日額の1,000日分に満たない場合	給付基礎日額の1,000日分からすでに支給された遺族（補償）等年金等の合計額を差し引いた差額	—	遺族（補償）等年金の受給権者がすべて失権してしまったときに、受給権者であった遺族の全員に対して支払われた年金の額および遺族特別年金の合計額が算定基礎日額の1,000日分に満たない場合は、算定基礎日額の1,000日分とその合計額の差額

② 請求方法

提出する請求書（160ページ参照）

業務災害の場合：「遺族補償一時金 複数事業労働者遺族一時金支給請求書」（様式第15号）

通勤災害の場合：「遺族一時金支給請求書」（様式第16号の９）

　死亡診断書、戸籍謄本等、多くの添付書類が必要となりますので、提出前に労働基準監督署へ確認したほうがよいでしょう。

③ 提　出　先

労働基準監督署へ直接提出します。

④ 遺族（補償）等一時金の受給権者の順位

順　位	受給資格者
1	配偶者
2	労働者の死亡当時その収入によって生計を維持していた子、父母、孫、祖父母

3	その他の子、父母、孫、祖父母
4	兄弟姉妹

　記載例（160ページ参照）は、厚労一郎さんの死亡当時、遺族（補償）等年金を受ける遺族が存在せず、生計維持関係にはなかった父母が受給権者となったものです。

　同順位者が2人以上の場合、全員がそれぞれ受給権者となりますが、そのうちの1人が代表者として請求人となることになります。

　死亡事故に伴って遺族（補償）等給付請求をする場合、生計維持関係の判断がつかないということ等もあると思います。その場合、年金請求書、一時金請求書のどちらを提出すればよいのでしょうか。

高橋
社労士

　確かに受給資格者の範囲、生計維持関係の考え方、障害がある方がいる場合の考え方等、わかりづらい点は多いと思います。
　まずは労働者の死亡当時における遺族状況を整理して、労働基準監督署に相談することをお勧めします。労働基準監督署の指導に基づいて請求書を作成してください。

4　遺族（補償）等年金前払一時金

　遺族（補償）等年金を受給することになった遺族は、1回だけ年金の前払いの請求をすることができます。請求できる前払一時金の額は、給付基礎日額の200日分、400日分、600日分、800日分、1,000日分のうちから選択できます。

　前払一時金を受けることができるのは1回限りですので、請求する給付日数、受けることによる年金の支給停止期間等については、十分に考慮することが必要です。

　また、若年停止により年金の支給が停止されている方についても前払いを受けることができます。

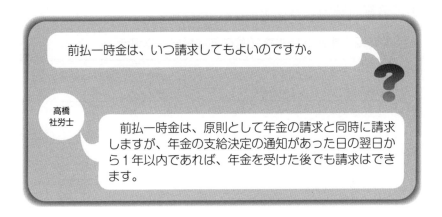

前払一時金は、いつ請求してもよいのですか。

高橋
社労士

　前払一時金は、原則として年金の請求と同時に請求しますが、年金の支給決定の通知があった日の翌日から1年以内であれば、年金を受けた後でも請求はできます。

①　請求方法

<u>提出する請求書</u>（161ページ参照）
「遺族補償年金　複数事業労働者遺族年金　遺族年金前払一時金請求書」
（年金申請様式第1号・業務災害、通勤災害共通）

②　提　出　先

　労働基準監督署へ直接提出します。

5 遺族（補償）等給付の請求書の記載について

① 遺族（補償）等年金

＊様式第12号または様式第16号の８を提出する場合

様式第12号（表面）

業務災害用
複数業務要因災害用　労働者災害補償保険

遺族補償年金
複数事業労働者遺族年金　支給請求書
遺族年金
遺族特別支給金
遺族特別年金　支給申請書

年金新規報告書提出

① 労 働 保 険 番 号						
府県	所掌	管轄	基幹番号	枝番号		
1 3	1	0 9	1 0 2 9 1 6			

② 年 金 証 書 の 番 号
管轄局　種別　西暦年　番号　枝番号

死亡労働者の
フリガナ　コウロウ　タロウ
氏名　厚労 太郎　（男・女）
生年月日　昭○○年 2月 16日（　歳）
職種　鉄骨組立工
所属事業場
名称・所在地

④ 負傷又は発病年月日
令和4年 9月 4日
午前・午後　3時 40分頃

⑤ 死 亡 年 月 日
令和4年 9月 4日

⑦ 平 均 賃 金
5,726円 23銭

⑥ 災害の原因及び発生状況
（あ）どのような場所で（い）どのような作業をしているときに（う）どのような物又は（え）どのような
な不安全な又は有害な状態があって（お）どのような災害が発生したかを簡明に記載すること
当社工場内で、天井クレーンを操作していた工員が操作を誤って運搬中の鉄骨を立てかけて
あった鉄板に当てたため、それが倒れて溶接作業中の厚労が下敷きになって死亡した。

⑧ 特別給与の総額（年額）
770,000円

⑨
厚生年金保険等の受給関係
イ　⑦死亡労働者の厚生年金等の年金証書の
基礎年金番号・年金コード
死亡労働者の被保険者資格の取得年月日　年 月 日

ロ　当該死亡に関して支給される年金の種類
厚生年金保険法の　イ　障害年金　ロ　遺族年金
国民年金法の　イ　母子年金　ロ　準母子年金　ハ　遺児年金
ニ　寡婦年金　ホ　遺族基礎年金　　船員保険法の 遺族年金

支給される年金の額　支給されることとなった年月日　厚年等の年金証書の基礎年金番号・年金コード
（複数のコードがある場合は下段に記載すること。）　所轄年金事務所等
円　年 月 日

受けていない場合は、次のいずれかを○で囲む。 ・裁定請求中 ・不支給裁定 ・未加入 ・請求していない ・老齢年金等選択

⑩の者については、④、⑥から⑨まで並びに⑩及び⑪に記載したとおりであることを証明する。
令和4年 9月 12日
事業の名称　○○鉄工　　電話（○○○）○○○○-○○○○
〒 -

【注意】
⑨の④及び⑩については、⑩の者が厚生年金保険の被保険者である場合に限り証明すること。

事業場の所在地　豊島区池袋○-○
事業主の氏名　代表取締役　○○ 剛
（法人その他の団体であるときはその名称及び代表者の氏名）

⑪	氏 名（フリガナ）	生 年 月 日	住 所（フリガナ）	死亡労働者との関係	障害の有無	請求人（申請人）の代表者を選任しないときは、その理由
請求人	厚労花子	昭○○・9・2	千代田区霞ヶ関1-2-2	妻	ある・（ない）	
					ある・ない	

	氏 名（フリガナ）	生 年 月 日	住 所（フリガナ）	死亡労働者との関係	障害の有無	請求人（申請人）と生計を同じくしているか
	厚労 瞳	平○○・7・21	千代田区霞ヶ関1-2-2	長女	ある・（ない）	いる・いない
					ある・ない	いる・いない
					ある・ない	いる・いない

⑫ 添付する書類その他の資料名

⑬
年金の払渡しを受けることを希望する金融機関又は郵便局
（登録している公金受取口座を利用します：□）

金融機関
（郵便貯金銀行を除く）
支店等を含む

名称　※金融機関店舗コード
埼玉　銀行・金庫
農協・漁協・信組　大宮　本店・本所
出張所・支店・支所

預金通帳の記号番号　（普通）・当座　第 123456 号
フリガナ　※郵便コード

郵便貯金銀行の郵便局

名称
所在地　都道府県　市郡区
預金通帳の記号番号　第 号

遺族補償年金
複数事業労働者遺族年金　の支給を請求します。
遺族年金
遺族特別支給金
遺族特別年金　の支給を申請します。

令和4年 9月 12日

池袋 労働基準監督署長 殿

〒 ○○○-○○○○ 電話（○○）○○○○-○○○○
請求人　住所 千代田区霞ヶ関1-2-2
申請人の
（代表者）　氏名 厚労花子

個人番号 ○○○○○○○○○○○○
□本件手続を裏面に記載の社会保険労務士に委託します。

特別支給金について振込を希望する金融機関の名称			預金の種類及び口座番号		
埼玉	銀行・金庫 農協・漁協・信組	大宮 本店・本所 出張所・支店・支所	普通・当座 第 123456 号 口座名義人 労働花子		

（厚生労働省ホームページより）

様式第16号の8（別紙）

通勤災害に関する事項

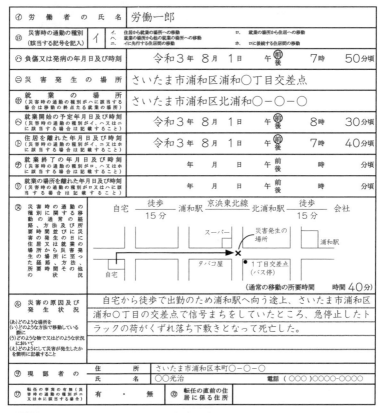

㋑ 労 働 者 の 氏 名	労働一郎				
㋺ 災害時の通勤の種別 （該当する記号を記入）	イ	イ、住居から就業の場所への移動　　　　　　ロ、就業の場所から住居への移動 ハ、就業の場所から他の就業の場所への移動　ホ、ロに後続する住居間の移動 ニ、イに先行する住居間の移動			
㋩ 負傷又は発病の年月日及び時刻	令和3年　8月　1日　午前 7時　50分頃				
㋥ 災 害 発 生 の 場 所	さいたま市浦和区浦和○丁目交差点				
㋭ 就 業 の 場 所 （災害時の通勤の種別がハに該当する場合は移動の終点たる就業の場所）	さいたま市浦和区北浦和○－○－○				
㋬ 就業開始の予定年月日及び時刻 （災害時の通勤の種別がイ、ハ又はニに該当する場合は記載すること）	令和3年　8月　1日　午後 8時　30分頃				
㋣ 住居を離れた年月日及び時刻 （災害時の通勤の種別がイ、ニ又はホに該当する場合は記載すること）	令和3年　8月　1日　午前 7時　40分頃				
㋠ 就業終了の年月日及び時刻 （災害時の通勤の種別がロ、ハ又はホに該当する場合は記載すること）	年　月　日　午前後 時　分頃				
㋷ 就業の場所を離れた年月日及び時刻 （災害時の通勤の種別がロ又はホに該当する場合は記載すること）	年　月　日　午前後 時　分頃				

（注意省略部あり）

㋘ 災害時の通勤の種別に関する移動の通常の経路及び方法並びに通常の所要時間並びに災害発生の日に日に居又は就業の場所から災害発生の場所に至った経路その他の状況	自宅 —徒歩 15分— 浦和駅 —京浜東北線— 北浦和駅 —徒歩 15分— 会社			

（通常の移動の所要時間　　時間 40分）

㋙ 災害の原因及び発生状況 (あ)どのような場所を (い)どのような方法で移動している際に (う)どのような物で又はどのような状況において (え)どのようにして災害が発生したかを簡明に記載すること	自宅から徒歩で出勤のため浦和駅へ向う途上、さいたま市浦和区浦和○丁目の交差点で信号まちをしていたところ、急停止したトラックの荷がくずれ落ち下敷きとなって死亡した。

㋛ 現認者の	住　所	さいたま市浦和区本町○－○－○		
	氏　名	○○光治	電話（○○○）○○○○－○○○○	

㋜ 転任の事実の有無（災害時の通勤の種別がニ又はホに該当する場合）	有 ・ 無	㋝ 転任の直前の住居に係る住所	

〔注意〕

1．㋬は、災害時の通勤の種別がへの場合には、移動の終点たる就業の場所における就業開始の予定年月日及び時刻を、ニの場合には、後続するイの移動の終点たる就業の場所における就業開始の予定の年月日及び時刻を記載すること。

2．㋠は、災害時の通勤の種別がへの場合には、移動の起点たる就業の場所における就業終了の年月日及び時刻を、ホの場合には、先行するロの移動の起点たる就業の場所における就業終了の年月日及び時刻を記載すること。

3．㋷は、災害時の通勤の種別がへの場合には、移動の起点たる就業の場所を離れた年月日及び時刻を記載すること。

4．㋘は、通常の通勤の経路を図示し、災害発生の場所及び災害の発生の日に居又は就業の場所から災害発生の場所に至った経路を朱線等を用いてわかりやすく記載するとともに、その他の事項についてもできるだけ詳細に記載すること。

（厚生労働省ホームページより）

② 転給を受ける場合

労働者災害補償保険
遺族補償年金
複数事業労働者遺族年金 転給等請求書
遺族年金
遺族特別年金 転給等申請書

	フリガナ	コウロウ タロウ					②	イ 先順位者の失権
① 死亡労働者の	氏 名	厚労 太郎			男・女		請求(申請)の事由	ロ 胎児であった子の出生
	生 年 月 日	昭○○年 12月 ○○日 (○○歳)						ハ 先順位者の所在不明

③ 申請人請求人	フリガナ 氏 名	生 年 月 日	住 フリガナ 所	死亡労働者との関係	障害の有無	代表者を選任しないときは、その理由
	コウロウ ジロウ 厚労 次郎	平成○○年 6月 19日	千代田区霞ヶ関1-2-2	子	ある・(ない)	
		年 月 日			ある・ない	
		年 月 日			ある・ない	
		年 月 日			ある・ない	

④ 既に遺族補償年金、複数事業労働者遺族年金、遺族年金、複					年金証書の番号				
特別年金を受けている又は遺族年金及び遺族	フリガナ 氏 名	生 年 月 日	住 フリガナ 所	死亡労働者との関係	管轄局	種別	西暦年	番 号	枝番号
	コウロウト モコ 厚労 友子	平成○○年 10月 2日	千代田区霞ヶ関1-2-2	妻	1 4	5 9	0 0	0 2 6 0	2
		年 月 日							
		年 月 日							

⑤ 厚生年金保険等の受給関係				当 該 死 亡 に 関 し て 支 給 さ れ る 年 金 の 種 類			
	厚生年金保険法の	イ 遺族年金 ロ 遺族厚生年金	国民年金法の	イ 母子年金 ロ 準母子年金 ハ 遺児年金 ニ 寡婦年金 ホ 遺族基礎年金			船員保険法の遺族年金
	支給される年金の額	支給されることとなった年月日		厚等年の年金証書の基礎年金番号・年金コード (複数のコードがある場合は下段に記載すること。)			所轄年金事務所等
	567,000円	○○年 10月 23日					鶴見 社会保険事務所
	受けていない場合は、次のいずれかを○で囲む。 ・裁定請求中 ・不支給裁定 ・未加入 ・請求していない ・老齢年金等選択						

⑥ 請求人(申請人)と同じくしている遺族補償年金、複数事業労働者遺族年金又は遺族年金を受けることができる遺族	フリガナ 氏 名	生 年 月 日	住 フリガナ 所	死亡労働者との関係	障害の有無
	コウロウ ジュンコ 厚労 順子	平成○○年 9月 30日	千代田区霞ヶ関1-2-2	子	ある・(ない)
		年 月 日			ある・ない
		年 月 日			ある・ない
		年 月 日			ある・ない

⑦ 添付する書類その他の資料名	戸籍謄本 住民票の謄本

年金の払渡しを受けることを希望する金融機関又は郵便局 (登録している公金受取口座を利用します:□)	金融機関 (郵便貯金銀行を除く。)	名 称	※金融機関店舗コード				本店・本所出張所
			鎌倉	(銀行)・金庫 農協・漁協・信組	鎌倉	(支店)・支所	
		預金通帳の記号番号	(普通)・当座	第	123456	号	
	郵便貯金銀行の支店等又は郵便局	名 称	※郵便局コード				
		フリガナ					
		所 在 地	都道府県		市郡区		
		預金通帳の記号番号	第			号	

上記により 遺族補償年金
複数事業労働者遺族年金 の支給を請求します。
遺族年金
遺族特別年金 の支給を申請します。

令和4年 9月 4日

労働基準監督署長 殿

〒100-8916 電話(○○○)○○○○-○○○○
請求人(代表者) の 住所 千代田区霞ヶ関1-2-2
申請人(代表者) 氏名 厚労次郎
□本件手続を裏面に記載の社会保険労務士に委託します。

個人番号 ○ ○ ○ ○ ○ ○ ○ ○ ○ ○ ○ ○

(厚生労働省ホームページより)

〈記載事項に関する留意点〉

❶　受給権者（最先順位者）が請求人になりますので、遺族（補償）等年金の「受給資格者」「受給権者」（149ページ参照）を正しく把握する必要があります。遺族の死亡労働者との関係、障害の有無、生年月日は認定にあたっての重要事項ですので、正確に記入してください。

　　労働者の死亡当時、配偶者（妻）が妊娠中であったということも考えられますが、胎児であった子は受給資格者になるのでしょうか。また、そのことは請求書に記載する必要があるのでしょうか。

高橋
社労士

　　労働者の死亡当時、胎児であった子は、生まれた時から受給資格者となります。したがって、生まれた時から支給額が変更されることになります。請求書には胎児についての記入欄はありませんので、申立てが必要です。

❷　55歳以上60歳未満の夫、父母、祖父母、兄弟姉妹は受給権者となっても60歳になるまでは年金は支給停止になるのですが、年金支給請求書の提出はしなければなりません。

③ 遺族（補償）等一時金

＊様式第15号または様式第16号の9を提出する場合

様式第15号（表面）

労働者災害補償保険
遺族補償一時金
複数事業労働者遺族一時金　支給請求書
遺族特別支給金
遺族特別一時金　支給申請書

① 労働保険番号					③ 死 亡 労 働 者 の	フリガナ	コウロウ　イチロウ		④ 負傷又は発病年月日
府県	所掌	管轄	基幹番号	枝番号		氏　名	厚労　一郎　　　　　男・女		令和 3年　8月　1日
1 2	1	0 1 0	0 3 4 5 6 0	0 0		生年月日	昭○○年　12月　10日（○○歳）		午前 後 10時 30分頃
② 年金証書の番号						職　種	トラック運転手		⑤ 死亡年月日
管轄局	種別	西暦年	番　号	枝番号		所属事業場 名　称 所在地			令和 3年　8月　1日

⑥ 災害の原因及び発生状況	（あ）どのような場所で（い）どのような作業をしているときに（う）どのような物又は環境に（え）どのような不安全な又は有害な状態があって（お）どのような災害が発生したかを簡明に記載すること	⑦ 平　均　賃　金
	○○商店に商品の配達を終えた帰路、千葉市稲毛区作草部町の路上で厚労が小型トラックがダンプカーと衝突、即死した。	5,892円 52銭
		⑧ 特別給与の総額（年額）
		768,000円

③の者については、④及び⑥から⑧までに記載したとおりであることを証明します。

電話(000)000-0000

令和3年　　8月　　7日

事業の名称　○○株式会社

〒○○○-○○○○

事業場の所在地　千葉市中央区栄町○○

事業主の氏名　代表取締役　　○○達夫
（法人その他の団体であるときはその名称及び代表者の氏名）

⑨	フリガナ 氏　名	生年月日	フリガナ 住　所	死亡労働者 との関係	請求人（申請人）の代表者を 選任しないときはその理由
請求 申請 人人	コウロウ　タロウ 厚労　太郎	昭○○年　5月　2日	千代田区霞ヶ関1-2-2	父	
	コウロウ　サトコ 厚労　里子	昭○○年　9月　28日	同　上	母	
		年　月　日			
		年　月　日			
		年　月　日			

⑩ 添付する書類その他の資料名	死亡診断書、戸籍謄本

上記により

遺族補償一時金
複数事業労働者遺族一時金　の支給を請求します。
遺族特別支給金
遺族特別一時金　の支給を申請します。

〒100-8916　電話(00)000-0000

令和3年　8月　8日

労働基準監督署長　殿

請求人
申請人　の
（代表者）

住　所　千代田区霞ヶ関1-2-2

氏　名　　　厚労太郎

千葉 振込を希望する金融機関の名称				預金の種類及び口座番号	
千葉	銀行・金庫 農協・漁協・信組	松戸南	本店・本所 出張所 支店・支所	普　通・当　座　第 123456 号	
				口座名義人　厚労太郎	

（厚生労働省ホームページより）

④　遺族（補償）等年金前払一時金

＊年金申請様式第1号（業務災害・通勤災害共通）を提出する場合

労働者災害補償保険

年金申請様式第1号

遺族補償年金
複数事業労働者遺族年金
遺族年金　**前払一時金請求書**

年金証書の番号	管轄局	種別	西暦年	番　　　号
	13	5	13	0857

死亡労働者	氏　名	労働太郎
	住　所	千代田区霞ヶ関1－2－2

	氏　名	生年月日	住　　　　　所
請求人	労働一太郎	明大昭平令 ○○年11月 9日	千代田区霞ヶ関1－2－2
		明大昭平令　年　月　日	
		明大昭平令　年　月　日	
		明大昭平令　年　月　日	
		明大昭平令　年　月　日	

労災年金受給の有無を選択する 受けている　受けていない	請求する 給付日数　（ 200　400　⑥⑩⑩　800　1000 日分）選択する

上記のとおり　遺族補償年金
複数事業労働者遺族年金　前払一時金を請求します。
遺族年金

令和3 年　5月　16日

振込を希望する銀行等の名称	
千代	銀　行　金　庫 農協　漁協　信組
九段	本店 支店 支所
預金の種類及び口座番号	
普　通　当　座 第　123456　号	
名義人　労働一太郎	

電話番号　○○○ － ○○○○ － ○○○○

郵便番号　100-8916

請求人の
（代表者）　住所　千代田区霞ヶ関1－2－2

氏名　労働一太郎

　　　中央　労働基準監督署長　殿

（厚生労働省ホームページより）

VIII 葬祭料・葬祭給付

葬式を行ったときの費用補てん

　労働者の死亡に伴って行われた葬祭の費用については、葬祭料または葬祭給付として支給されます。

　葬祭を行った者に対して支給されますので、身寄りがなく会社が葬祭を行ったような場合は、会社に対して支給することになりますが、単に会社が恩恵的に行った場合は、遺族がいれば遺族に対して支給されることになります。

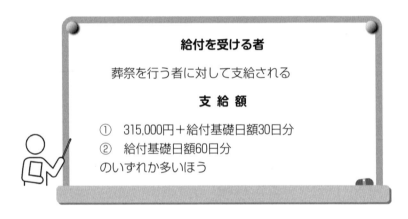

給付を受ける者

葬祭を行う者に対して支給される

支　給　額

① 　315,000円＋給付基礎日額30日分
② 　給付基礎日額60日分
のいずれか多いほう

① 請求方法

提出する請求書（164ページ参照）
業務災害の場合：「葬祭料又は複数事業労働者葬祭給付請求書」（様式第16号）

通勤災害の場合：「葬祭給付請求書」（様式第16号の10）

　葬儀執行証明書等の添付書類が必要となりますので、提出前に労働基準監督署へ確認したほうがよいでしょう（同時に遺族（補償）等給付の請求書を提出する際に当該請求書に添付してある場合には、重複するため添付する必要はありません）。

②　提 出 先

労働基準監督署へ直接提出します。

　　社葬として執り行い、費用は会社が負担したとしても、会社が請求できるということではないのですか。

高橋
社労士

　　社葬を行い、費用を会社が負担したとしても、それが会社の恩恵的なもの、厚意によるものであり、葬祭を行うべき遺族がいる以上、葬祭料は遺族に支払われることになります。

　　葬式を行った場合の費用補てんという意味合いで支給されるということですが、支給額は実際に支出した金額とはなっていません。家族葬として執行して、支出した金額が低額だった場合はどうなるのでしょうか。

高橋
社労士

　　支給額は前述した通りですので、家族葬として支出した金額が労災からの給付額以下の費用であった場合でも、実際に支出した金額を支給するということにはなっていません。

【参考通達】
「社葬を行った場合の葬祭料」昭23.11.29基災収第2965号

③ 葬祭料・葬祭給付の請求書の記載について

＊様式第16号または様式第16号の10を提出する場合

様式第16号（表面）

業務災害用
複数業務要因災害用

労働者災害補償保険
葬祭料又は複数事業労働者葬祭給付請求書

① 労 働 保 険 番 号				③ 請求人の	フリガナ 氏 名	コウロウ ハナコ 厚労 花子
府県 所掌 管轄	基幹番号	枝番号			住 所	千代田区霞ヶ関１－２－２
1 0 1 0 1	1 2 3 4 5 6				死亡労働者 との関係	妻
② 年 金 証 書 の 番 号						
管轄局 種別 西暦年	番 号					

④ 死 亡 労 働 者 の	フリガナ 死 氏 名	コウロウ タロウ 厚労 太郎 （男・女）	⑤ 負傷又は発病年月日
			令和３年 ７月18日
	生 年 月 日	平成〇〇年 ４月 ４日（〇〇歳）	午前 後 ２時 40分頃
	職 種	自動車運転手	⑦ 死 亡 年 月 日
	所属事業場 名称所在地		

⑥ 災害の原因及び発生状況	（あ）どのような場所で（い）どのような作業をしているときに（う）どのような物又は環境に（え）どのような不安全な又は有害な状態があって（お）どのような災害が発生したかを簡明に記載すること	⑦
	集金のため自動車で用務先上田商店へ向かう途中、市内高松町３番地交差点で後方から暴走してきたトラックに追突されて頭部を強打し即死した。	令和３年 ７月18日
		⑧ 平 均 賃 金
		5,884円 50銭

④の者については、⑤、⑥及び⑧に記載したとおりであることを証明します。

電話（〇〇〇）〇〇〇－〇〇〇〇

令和３年 ７月 24日

事 業 の 名 称 （株）〇〇工業

〒 370－××××

事業場の所在地 高崎市高松町〇〇

事業主の氏名 代表取締役 〇〇 淳

（法人その他の団体であるときはその名称及び代表者の氏名）

⑨ 添付する書類その他の資料名	遺族補償年金請求書に添付

上記により葬祭料又は複数事業労働者葬祭給付の支給を請求します。

令和３年 ７月 25日

〒 100－8916 電話（〇〇〇）〇〇〇－〇〇〇〇

請求人の 住 所 千代田区霞ヶ関１－２－２

高崎 労働基準監督署長 殿

氏 名 厚労花子

振込を希望する金融機関の名称			預金の種類及び口座番号	
群馬	銀行・金庫 農協・漁協・信組	高崎南	本店・本所 出張所 支店・支所	普通・当座 第 654321 号
				口座名義人 厚労花子

（厚生労働省ホームページより）

〈記載事項に関する留意点〉

　遺族（補償）等給付の請求と同時に請求することになるため、⑨「添付する書類その他の資料名」の欄は、記載例の通り「遺族補償年金請求書に添付」となるのが一般的です。

　他の労災給付請求書では最上段に労働者の氏名が記載されますが、本請求書は異なりますので、請求人の欄、死亡労働者の欄については間違いのないよう注意が必要です。

Ⅸ 傷病（補償）等年金

被災労働者からの請求によらずに労働基準監督署長の職権で給付が行われるもの

　業務上または通勤によって負傷し、または疾病にかかった労働者が、療養を開始後1年6カ月を経過した日またはその日以降において、その負傷または疾病が治っていない場合で、傷病等級に該当する場合に、休業（補償）等給付に代わる形で年金として支給が行われるものです。

支給決定

労働基準監督署長の職権で行われる

支給要件

①　負傷または疾病が治っていないこと
②　負傷または疾病による障害の程度が傷病等級表の傷病等級に該当すること

　傷病等級に該当せず傷病（補償）等年金が支給されない場合には、引き続き休業（補償）等給付が受けられるということでよいですか。また、1年6カ月以降において傷病等級に該当する場合もあると思いますが、労働基準監督署はどのように把握するのでしょうか。

**高橋
社労士**

　傷病等級に該当した場合に傷病（補償）等年金が支給されることになりますが、該当しない場合は休業（補償）等給付を継続して受給することになります。その場合、毎年「傷病の状態等に関する報告書」の提出を求めることにしていて、継続的に傷病等級を認定することになっています。

①　支給額

傷病等級	傷病（補償）等年金	傷病特別支給金	傷病特別年金
	給付基礎日額の	定額の一時金として	算定基礎日額の
第1級	313日分	114万円	313日分
第2級	277日分	107万円	277日分
第3級	245日分	100万円	245日分

②　請求方法

　傷病（補償）等年金の支給決定は労働基準監督署長の職権で行われますので、被災労働者が請求手続きを行うということはありませんが、療養開始後1年6カ月を経過して、労働基準監督署から「傷病の状態等に関する届」（次ページ参照）の提出依頼が行われる場合があります（241ページ巻末資料「傷病等級表」参照）。

　　　支給決定は職権で行われるということですが、労働基準監督署から何かしらの書類提出依頼が来るのでしょうか。

高橋
社労士

　　　療養開始後1年6カ月を経過し、労働基準監督署から「傷病の状態等に関する届」について提出するよう通知がきた場合は、医師の診断書等を添付して提出することになります。

【参考通達】
「傷病補償年金について」昭52.3.30基発第192号

③ 提出先

「傷病の状態等に関する届」の提出依頼の通知がきた場合は当該届を労働基準監督署に提出します。

④ 傷病の状態等に関する届の記載について

様式第16号の2（表面）

労働者災害補償保険
傷病の状態等に関する届

① 労働保険番号	府県	所掌	管轄	基幹番号	枝番号				
	1 0	1	0 2	6 5 4 3 2 1			③ 負傷又は発病年月日		令和2年10月 1日

② 労働者の	フリガナ	ロウドウ イチロウ			
	氏 名	労働 一郎　　　　　（男・女）			
	生年月日	昭和○○年 6月 23日 （○○歳）		④ 療養開始年月日	令和2年10月 1日
	フリガナ	チヨダク カスミガセキ			
	住 所	千代田区霞ヶ関1－2－2			

⑤ 傷病の名称、部位及び状態					（診断書のとおり。）

⑥ 厚生年金保険等の受給関係	厚年等の年金証書の基礎年金番号・年金コード		被保険者資格の取得年月日		年 月 日
	当該傷病に関して支給される年金の種類等	年 金 の 種 類	厚生年金保険法の　イ 障害年金　ロ 障害厚生年金 国民年金法の　イ 障害年金　ロ 障害基礎年金 船員保険法の障害年金		
		障 害 等 級			級
		支給される年金の額			円
		支給されることとなった年月日		年 月 日	
		厚年等の年金証書の基礎年金番号・年金コード			
		所 轄 年 金 事 務 所 等			

⑦ 添付する書類その他の資料名	診断書					

⑧ 年金の払い渡しを受けることを希望する金融機関又は郵便局（登録している公金受取口座を利用します：□）	金融機関（郵便貯金銀行の受店等を除く）の支店等	名 称	※ 金融機関店舗コード	群馬　（銀行・金庫 農協・漁協・信組） 大手町	本店・本所 出張所 （支店）支所
		預金通帳の記号番号	（普通）・当座	第 123456 号	
	郵便貯金銀行の支店又は郵便局	※ 郵便局コード			
		フリガナ 名 称			
		所 在 地	都道府県	市郡区	
		預金通帳の記号番号	第 号		

上記のとおり届けます。

令和4年 4月 10日

前橋 労働基準監督署長 殿

〒 100－8916　電話（　）　-

届出人の 住 所 千代田区霞ヶ関1－2－2
　　　　 氏 名 労働一郎

□本件手続を裏面に記載の社会保険労務士に委託します。

個人番号 ○○○○○○○○○○○○

（厚生労働省ホームページより）

〈記載事項に関する留意点〉

　傷病（補償）等年金の支給・不支給の決定は、労働基準監督署長の職権によって行われますので、請求手続きは必要ありません。

　療養開始後1年6カ月を経過しても傷病が治っていない場合、傷病（補償）等年金の支給決定をするかどうかの判断のため、「傷病の状態等に関する届」を提出するよう通知されるため、指示された書類を添付して送付することになります。

　傷病（補償）等年金という給付の目的（意味合い）を教えてください。

高橋
社労士

　傷病（補償）等年金の内容はご説明した通りですが、受給している休業（補償）等給付に代わるものとして、労働基準監督署長の職権で支給決定が行われるものです。

　休業（補償）等給付を受給するためには一定期間（一般的には1カ月）ごとに請求書を提出しなければならないのですが、傷病の状態が特に悪い被災労働者にとっては、請求書の提出手続きは負担です。その負担軽減が、傷病（補償）等年金の1つの目的であると思います。

Ⓧ 二次健康診断等給付

　二次健康診断等給付は、過労死の予防を目的として平成12年11月22日法律第124号によって創設されたもので、一次健康診断の結果において次に掲げるすべての検査項目において医師による「異常所見」があると診断された者が対象になります。

二次健康診断等給付の対象となる有所見項目

① 　血圧検査
② 　血中脂質検査（次の検査のいずれか1つ以上）
　　○低比重リポ蛋白コレステロール（LDLコレステロール）
　　○高比重リポ蛋白コレステロール（HDLコレステロール）
　　○血清トリグリセライド（中性脂肪）
③ 　血糖検査
④ 　腹囲の検査またはBMI（肥満度）の測定
　　健康診断担当医が「異常なし」の所見と診断した場合でも、産業医等が就業環境等を勘案して「異常あり」とした場合には産業医等の意見が優先されます。

---

① 給付内容

　二次健康診断等給付は、当該二次健康診断等給付を受けようとする病院または診療所（健診給付病院等）において現物給付として行われます。

ア　二次健康診断等給付

① 空腹時血中脂質検査

② 空腹時血糖値検査

③ ヘモグロビンA1c（エーワンシー）検査

④ 負荷心電図検査または胸部超音波検査（心エコー検査）

⑤ 頸部超音波検査（頸部エコー検査）

⑥ 微量アルブミン尿検査

イ　特定保健指導（二次健康診断の結果に基づき行われる）

① 栄養指導

② 運動指導

③ 生活指導

　二次健康診断は1年度内に1回が限度とされ、特定保健指導は二次健康診断ごとに1回に限り受けられます。

②　請求方法

提出する請求書

　「二次健康診断等給付請求書」（様式第16号の10の2）

　添付書類として一次健康診断の結果を証明できる書類が必要で、一次健康診断の受診日から3カ月以内に提出します。

③　提 出 先

　二次健康診断等給付を受けようとする病院または診療所（健診給付病院等）を経由して労働基準監督署へ提出します。

【参考通達】
「労働者災害補償保険法及び労働保険の保険料の徴収等に関する法律の一部を改正する法律等の施行について」平13.3.30基発第233号

④ 二次健康診断等給付請求書の記載について

＊様式第16号の10の2を提出する場合

■ 様式第16号の10の2（表面）労働者災害補償保険

二次健康診断等給付請求書

裏面に記載してある注意事項をよく読んだ上で、記入してください。

標準字体
```
0 5 アカサタナハマヤラワ
1 6 イキシチニヒミ  リン
2 7 ウクスツヌフムユル ゛
3 8 エケセテネヘメ レ  ゜
4 9 オコソトノホモヨロー
```

帳票種別	①管轄局	②帳票区分	③保留	④受付年月日
※ 3 8 5 3 0			1	

⑤労働保険番号 1 3 1 0 1 1 2 3 4 5 6 0 0 0
⑥処理区分 　⑦支給・不支給決定年月日 　⑧特例コード（1 3か月未満 3 産業医以外 5 1及び3）

⑨性別 1（1男 3女） ⑩労働者の生年月日 5 0 0 0 4 2 6（3大正 5昭和 7平成 9令和）
⑪一次健康診断受診年月日 9 0 3 0 5 1 4
⑫二次健康診断受診年月日 9 0 3 0 6 2 0

⑬労働者の
シメイ（カタカナ）：姓と名の間は1文字あけて記入してください。濁点・半濁点は1文字として記入してください。
コウロウ　タロウ ❶

氏 名 厚労　太郎 　（○○歳）

フリガナ　チヨダク　カスミガセキ
住 所 千代田区霞ヶ関1－2－2

⑫郵便番号 100－8916

一次健康診断結果欄
一次健康診断（直近の定期健康診断等）における以下の検査結果について記入してください。
（以下の⑭、⑮、⑰及び⑱の異常所見について、すべて「有」の方が二次健康診断等給付を受給することができます。）

⑭血圧の測定における異常所見。（高い場合に限る。）	⑮血中脂質検査における異常所見。（高い場合に限る。ただし、HDLコレステロールは、低い場合に限る。）	⑯検査方法	⑰血糖検査	⑱腹囲又はBMI（肥満度）の測定における異常所見。（高い場合に限る。）	⑲尿蛋白検査についての所見	⑳腹又は心臓疾患について療養を行っているなど当該疾患の症状の有無
1有 3無 [1]	1有 3無 [1]	1血糖値検査 3ヘモグロビン A₁c検査 [1]	1有 3無 [1]	1有 3無 [1]	1－ 3± 5＋ 7＋＋ 9＋＋＋ [3]	1有 3無 [3]

二次健康診断等実施機関の
名 称 ○○病院 　電話（　）－ ❸
所在地 練馬区東大泉○－○－○ 　〒 －

⑪の期日が⑪の期日から3か月を超えている場合、その理由について、該当するものを○で囲んでください。
イ 天災地変により請求を行うことができなかった。 　ハ その他 （理由：　）
ロ 医療機関の都合等により、一次健康診断の結果の通知が著しく遅れた。

⑬の者について、⑪の期日が一次健康診断の実施日であること及び添付された書類が⑪の期日における一次健康診断の結果であることを証明します。
　　年　月　日

事業主証明欄
事業の名称 株式会社　○○商事 　電話　－
事業場の所在地 中央区銀座 2－4－○○ 　〒 －
事業主の氏名 ○○太郎
（法人その他の団体であるときはその名称及び代表者の氏名）

労働者の所属事業
場の名称・所在地 　電話（　）－

上記により二次健康診断等給付を請求します。

東京 労働局長 殿

⑪請求年月日 （7平成 9令和）

請求人の 　〒 100－8916 　電話（　）－
住 所 千代田区霞ヶ関1－2－2
氏 名 厚労　太郎

明 診療所 経由

局 長	部 長	課 長		調査年月日	
			復命書番号	第　号	
			決定年月日		

支給 決定決議書 不支給
不支給理由

（厚生労働省ホームページより）

〈記載事項に関する留意点〉

❶　請求期間

　二次健康診断等給付の請求は、一次健康診断の受診日から3カ月以内に行ってください。ただし、次のようなやむを得ない事情がある場合は、3カ月を過ぎてからの請求も認められます。

　　①　天災地変により請求を行うことができない場合
　　②　一次健康診断を行った医療機関の都合などにより、一次健康診断の結果の通知が著しく遅れた場合

❷　給付を受けることができる回数

　二次健康診断等給付は1年度内（4月1日から翌年の3月31日までの間）に1回のみ受けることができます。そのため、同一年度内に2回以上の定期健康診断等を受診し、いずれの場合も二次健康診断等給付の要件を満たしていた場合でも、二次健康診断等給付はその年度内に1回しか受けることができません。

❸　二次健康診断等給付を受けることができる医療機関

　二次健康診断等給付は、健診給付病院等でのみ受けることができます。

XI 未支給の保険給付

労災保険の保険給付を受ける権利を有する者が、給付を受ける前に死亡してしまうということがあります。その場合、「未支給の保険給付」として給付を受けることができます。

具体的に、どのような場合に「未支給の保険給付」を受けることができるのでしょうか。

高橋
社労士

例えば、労災事故で負傷して療養・休業していた方が死亡した場合で、①休業（補償）等給付請求をしていない、②請求はしたがまだ支給決定されていない、③支給決定はあったが、まだ支払われていない場合です。

請求できる遺族

次の①②の要件をどちらも満たす場合に請求できます。
① 死亡労働者の配偶者（内縁関係を含む）、子、父母、孫、祖父母および兄弟姉妹
② 労働者の死亡当時、その者と生計を同じくしていたこと（必ずしも同居している必要はない）

なお、①②の要件を満たす者がいない場合は、相続人が請求することができます。

①　請求方法

提出する請求書

　「未支給の保険給付支給請求書」（様式第4号）

　請求にあたり添付書類が必要となりますので、提出前に労働基準監督署へ確認したほうがよいでしょう。

②　提 出 先

　労働基準監督署へ直接提出します。

③　未支給の保険給付支給請求書（様式第4号）

※　次ページに様式のみ掲載しています。

労働者災害補償保険
未支給の保険給付支給請求書
未支給の特別支給金支給申請書

① 労働保険番号	府 県	所掌	管 轄	基 幹 番 号	枝 番 号

② 年金証書の番号	管 轄 局	種 別	西暦年	番 号	枝番号

③ 死亡した受給権者又は特別支給金受給資格者の	フリガナ 氏 名	（男・女）
	死 亡 年 月 日	年 月 日

④ 請求人の申請人	フリガナ 氏 名	
	住 所	
	死亡した受給権者（労働者）又は特別支給金受給資格者（労働者）との関係	

⑤ 未支給の保険給付又は特別支給金の種類	療養（補償）給付　　休業（補償）給付　　障害（補償）給付 遺族（補償）給付　　傷病（補償）年金　　介護（補償）給付 葬祭料（葬祭給付） 　　　　　特別支給金　　　　　特別　一時金／年　金

⑥ 添付する書類その他の資料名	

上記により 未支給の保険給付の支給を請求／未支給の特別支給金の支給を申請 します。

　　　　　　　　　　　　　　　郵便番号　　　　　　　電話番号　　　　　局番

　年　　月　　日
　　　　　　　　請求人／申請人 の 住 所

　　　労働基準監督署長 殿　　　氏 名

振込を希望する金融機関の名称		預金の種類及び口座番号	
銀行・金庫	本店・本所 出張所	普通・当座　　第　　　　号	
農協・漁協・信組	支店・支所	口座名義人	

（出典：厚生労働省）

XII 社会復帰促進等事業

　労災保険給付について種別、給付内容について解説してきましたが、労災保険では被災労働者の社会復帰の促進、被災労働者やその遺族の支援等を図ることにより、労働者の福祉の増進に寄与することを目的として社会復帰促進等事業を行っています。

事業の種別	主な事業（一例）
社会復帰促進事業	義肢等補装具費支給制度 アフターケア制度 労災病院等の運営
被災労働者等援護事業	労災就学等援護費の支給 労災特別介護施設（ケアプラザ）の設置、運営
安全衛生確保等事業	メンタルヘルス対策 アスベスト対策 労働災害防止対策 賃金支払確保のための事業

　労災保険制度においては、本当に幅広く事業が行われているのですね。主な事業について、いくつか紹介していただけますか。

高橋
社労士

　そうですね。保険給付の事業に付帯して、それを補う事業として行われています。いくつか解説したいと思います。

1 アフターケア制度

　労災事故による傷病の治ゆ後に後遺障害に付随する疾病を発症させるおそれのある一定の傷病について、治ゆした後においても診察、保

健指導および検査等の措置を講じ、被災労働者の労働能力を維持し円滑な社会復帰を促進することを目的として行っているのがアフターケア制度です。

　対象者には健康管理手帳が交付されます。

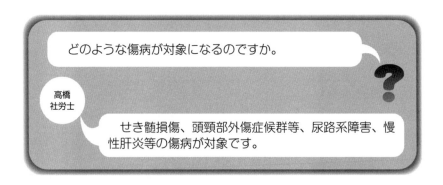

どのような傷病が対象になるのですか。

高橋
社労士

せき髄損傷、頭頸部外傷症候群等、尿路系障害、慢性肝炎等の傷病が対象です。

2 労災就学等援護費の支給

　被災労働者の遺族や重度障害を受けた被災労働者等でその子どもの学費の支払いが困難な場合に支給されるものです。

労災就労保育援護費	要保育児1人につき	11,000円／月
労災就学援護費	小学生1人につき	15,000円／月
	中学生1人につき	20,000円／月
	高校生1人につき	19,000円／月
	大学生1人につき	39,000円／月

「学費の支払いが困難」というのはどのような場合をいうのですか。

高橋
社労士

　支給を受ける年金たる保険給付にかかる給付基礎日額が16,000円以下の場合に「学費の支払いが困難」とされていますので、16,000円を超える場合は支給を受けられないことになります。社会復帰促進等事業については、手続きにあたり、労働基準監督署で十分に相談されることをお勧めします。

③ 　義肢その他の補装具の支給について

　労災の被災労働者で身体に障害が残り、義肢・義眼・点字器・補聴器・車いす・歩行補助杖・かつら等が必要と認められる方に支給されます。

　また、支給された義肢等の修理費用も支給されます。

　種目ごとにそれぞれ支給基準が定められていますが、義肢については、「上肢又は下肢の全部または一部を喪失し、この障害に関し、障害補償給付の支給決定を受けた者又は受けると見込まれる者（傷病が治ゆした者に限ります）。（以下略）」とされています。

第**3**章

「複数事業労働者」に
対する保険給付

現在、多様な働き方を選択する方（兼業・副業者）が増加し、また、パート等で複数就業している方も多くいらっしゃいます。

　御社においては兼業・副業については許可制としている中、所定労働時間外や休日を利用しての副業や、他のパート就労もされている方も見受けられるところです。

　そのような「複数事業労働者」に対する労災保険給付については、労災保険法の一部改正（令和2年9月1日施行）が行われ、保険給付の内容、請求にあたっての手続きが変更になりました。

　皆さんにとって知っておかなければならない事項ですので、これまでの保険給付の内容等を踏まえたうえで整理していただければと思います。

＊　＊　＊

I 改正法の内容

改正内容は以下の2点です。

(1)　複数事業労働者が被災した場合の保険給付について、複数事業労働者を使用する全事業場の賃金を合算して「給付基礎日額」を算定する。

(2)　複数就業者（以下「複数事業労働者」という）を使用するそれぞれの事業場における業務上の負荷のみでは業務と疾病等との間に因果関係が認められない場合に、複数事業労働者を使用する全事業場における業務上の負荷を総合的に評価する【複数業務要因災害に関する保険給付】という新たな保険給付の創設。

Ⅱ 「複数事業労働者」とは（範囲）

　複数事業労働者とは、被災したとき（傷病等の原因または要因となる事由が生じた時点）において、下記に該当する労働者をいいます。

ア　複数の事業と労働契約関係にあり、当該事業に使用される者

イ　一以上の事業と労働契約関係にあり、かつ他の事業について特別加入している者

ウ　複数の事業について特別加入している者

　したがって、労働者として就業しつつ、同時に労働者以外の働き方で就業している者（特別加入者を除く）は該当しません。

※　労働基準法上の労働者でない者についても、業務の実態、災害の発生状況等からみて労働者に準じて労災保険により保護するにふさわしい者について特別加入を認めるという趣旨を踏まえると、一以上の就業先において特別加入している場合についても、複数就業先で労働者である場合と同様の取扱いとすることになります。

※　「傷病等の原因または要因となる事由が生じた時点」とは、実際に負傷または死亡があった場合はその日を、疾病が発生した場合は疾病について現実に療養が必要になった日を、また、障害が発生した場合は傷病が治ゆした日に障害が残存している場合の当該治ゆした日を指します。

実際に負傷または死亡があった日（時点）において複数の事業と労働契約関係にあり、当該事業に使用される者を「複数事業労働者」というということは、その日に複数の事業で働くこととなっていたかということですか？

高橋
社労士

　災害発生のその日に複数の事業で働くこととされていた方だけを指すのではなく、その時点で複数の事業と労働契約関係を結んでいたかどうかということです。したがって、月曜から金曜までＡ社に勤めていて、土曜日にアルバイトをしている方、月・水にＡ社のパート、金・土にＢ社のパートという方も「複数事業労働者」ということになります。

Ⅲ 改正内容の詳細

① 『複数事業労働者が被災した場合の保険給付について、複数事業労働者を使用する全事業場の賃金を合算して「給付基礎日額」を算定する』ことについて

ア　改正概要

　労災保険給付は、被災労働者の給付基礎日額を算定したうえで支給額が算定されることになっています（療養・介護・二次健康診断等給付は除く）。

　改正前においては、労働災害が発生した勤務先の賃金額のみを基礎に「給付基礎日額」を算定して保険給付額等が決定されていましたが、改正後は複数事業労働者を使用する全事業場の賃金を合算して「給付基礎日額」を算定して保険給付に反映されることになりました。

　A社とB社に勤めている方がいたとして、A社での労災事故が原因でA社（給付基礎日額10,000円）、B社（給付基礎日額5,000円）ともに休業に至ってしまった場合、給付基礎日額15,000円として労災保険給付が行われるということです。

イ　請求書様式の変更等

　複数事業労働者にかかる労災請求については請求書が変更となり、請求にあたって複数の就業状況等の記載が必要になりました。

　請求書の裏面に下記のような欄が設けられていますので、災害発生事業場以外の就業先がある場合には「有」を〇で囲みます。

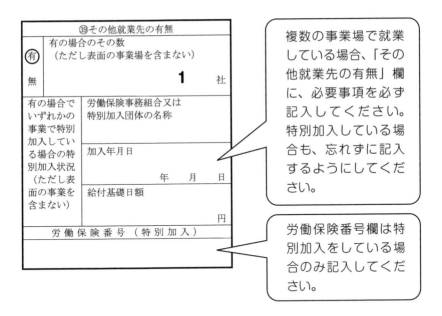

㉟その他就業先の有無	
㊲ 無	有の場合のその数 （ただし表面の事業場を含まない） 　　　　　　　　　　　　　　**1**　　社
有の場合で いずれかの 事業で特別 加入してい る場合の特 別加入状況 （ただし表 面の事業を 含まない）	労働保険事務組合又は 特別加入団体の名称 加入年月日 　　　　　　年　　　月　　　日 給付基礎日額 　　　　　　　　　　　　　円
労働保険番号　（特別加入）	

複数の事業場で就業している場合、「その他就業先の有無」欄に、必要事項を必ず記入してください。特別加入している場合も、忘れずに記入するようにしてください。

労働保険番号欄は特別加入をしている場合のみ記入してください。

　また、その他の就業先（非災害発生事業場）がある場合には、当該事業場における状況を記載した書面（別紙3）の提出が必要となります。

複数事業労働者の方のみ、様式第8号表面で記入した事業場以外の事業場について、この別紙を記入してください。

| 複数事業労働者用 |

① 労働保険番号（請求書に記載した事業場以外の就労先労働保険番号）

様式第8号表面で記入した事業場以外の事業場の労働保険番号を記入してください。

都道府県	所掌	管轄	基幹番号	枝番号
1 4	1	0 3	6 5 4 3 2 1	0 0 0

② 労働者の氏名・性別・生年月日・住所

（フリガナ氏名）	コウロウ　タロウ	男	生年月日	
（漢字氏名）	厚労　太郎	女	（昭和・平成・令和）	5 年 2 月 8 日

〒 1 0 0 - 8 9 1 5

（フリガナ住所）	チヨダクカスミガセキ
（漢字住所）	千代田区霞ヶ関1ー2ー2

様式第8号表面で記入した事業場以外の事業場について、別紙の「平均賃金算定内訳」によって計算された平均賃金を記入してください。

③ 平均賃金（内訳は別紙1のとおり）

〇〇〇〇 円 〇〇 銭

様式第8号表面で記入した事業場以外の事業場の雇入期間を記入してください。

④ 雇入期間

（昭和・平成・令和） 2 年 1 月 27 日 から 現在 まで

⑤ 療養のため労働できなかつた期間

令和 2 年 1 月 27日 から 2 年 9 月 30 日 まで 16 日間のうち

⑥ 賃金を受けなかつた日数（内訳は別紙2のとおり） 14 日

⑦ 厚生年金保険等の受給関係

様式第8号表面で記入した事業場以外の事業場について、療養のため労働ができなかった期間と、そのうち賃金を受けられなかった日数を記入します。

（イ）基礎年金番号		（ロ）被保険者資格の取得年月日	

（ハ）当該傷病に関して支給される年金の種類等

年金の種類	厚生年金保険法の	イ 障害年金	ロ 障害厚生年金
	国民年金法の	ハ 障害年金	ニ 障害基礎年金
	船員保険法の	ホ 障害年金	

障害等級 　　　　級 支給されることとなつた年月日 　年 　月

基礎年金番号及び厚生年金等の年金証書の年金コード

所轄年金事務所等

上記②の者について、③から⑦までに記載されたとおりであることを証明します。

　　　　年　　　　月　　　　日

事業の名称

電話（　　）　　ー

事業場の所在地

労働基準監督署長　殿

事業主の氏名

社会保険労務士記載欄	作成年月日・提出代行者・事務代理者の表示	氏　名	電話番号
			（　　）　　ー

② 『複数就業者（以下「複数事業労働者」という）を使用するそれぞれの事業場における業務上の負荷のみでは業務と疾病等との間に因果関係が認められない場合に、複数事業労働者を使用する全事業場における業務上の負荷を総合的に評価する【複数業務要因災害に関する保険給付】という新たな保険給付の創設』について

ア　改正概要

　複数事業労働者において、それぞれの就業先の負荷のみでは業務と疾病等との間に因果関係が認められないものの、複数就業先での業務上の負荷を総合して評価することにより疾病等との間に因果関係が認められる場合、「複数業務要因災害」として新たに労災保険給付の対象とするものです。

　これまでは、複数の会社等で雇用されている場合でも、それぞれの会社等の負荷（労働時間やストレス等）について個別に評価し、労災認定の判断が行われていましたが、雇用されている会社のうち1つの会社等における仕事での負荷を個別に評価しても労災認定されない場合には、雇用されているすべての会社等における業務上の負荷（労働時間やストレス等）を総合的に評価して労災認定の判断が行われることになりました。

●関係条文の新旧対照（労災保険法）

改正前	改正後
第7条　この法律による保険給付は、次に掲げる保険給付とする。 　一　労働者の業務上の負傷、疾病、障害又は死亡（以下「業務災害」という。）に関する保険給付 　二　労働者の通勤による負傷、疾	第7条　この法律による保険給付は、次に掲げる保険給付とする。 　一　労働者の業務上の負傷、疾病、障害又は死亡（以下「業務災害」という。）に関する保険給付 　二　複数事業労働者（これに類す

病、障害又は死亡（以下「通勤災害」という。）に関する保険給付 三　二次健康診断等給付	る者として厚生労働省令で定めるものを含む。以下同じ。）の二以上の事業の業務を要因とする負傷、疾病、障害又は死亡（以下「複数業務要因災害」という。）に関する保険給付（前号に掲げるものを除く。以下同じ。） 三　労働者の通勤による負傷、疾病、障害又は死亡（以下「通勤災害」という。）に関する保険給付 四　二次健康診断等給付

イ　「複数事業労働者に類する者として厚生労働省令で定めるもの」とは

　複数事業労働者に類する者とは、傷病等の原因または要因となる事由が生じた時点において、複数就業している労働者（特別加入者を含む）であり、傷病等が生じた時点において複数就業していない労働者をいいます。

※　脳・心臓疾患、精神障害等の疾病等にあっては、傷病等の要因となる出来事と傷病等の発症の時期が一致しない場合がありますが、発症した時点では複数事業労働者に該当しない場合であっても、発症の要因となる出来事と傷病等との因果関係が認められる期間の範囲内で複数事業労働者であるか否かの判断が行われることになります。

ウ　複数業務要因災害の範囲

　複数業務要因災害とは、複数事業労働者の二以上の事業の業務を要因とする傷病等をいい、二以上の業務上の負荷を総合的に評価することによって初めて認定基準を満たすことができる災害をいいます。

　複数業務要因災害による疾病の範囲は、労働基準法施行規則別表第

1の2第8号および第9号に掲げる疾病およびその他2以上の事業の業務を要因とすることの明らかな疾病としており、現時点においては、「脳・心臓疾患、精神障害」が想定されています。

＊　＊　＊

以上で、説明を終わります。

労災保険としての補償を受ける業務災害、通勤災害、業務上疾病の考え方、そして、給付の種類、給付内容について解説しました。

明日は、第三者行為災害についてご説明します。

第三者行為災害

皆さん　こんにちは。

本日の前半は、「第三者行為災害」についてご説明します。

＊　＊　＊

1 「第三者行為災害」とは

　労災保険で給付する業務災害、通勤災害の中には、「保険者（政府）、被災労働者以外の第三者」の行為によって発生するものもあります。例えば、業務中、通勤途中で交通事故に遭ったり、業務に関連して第三者からの暴行を受けたりする場合です。労災保険では、第三者の不法行為によって労働災害が生じ、第三者に損害賠償責任がある場合において、これらの災害を「第三者行為災害」として他の災害と区別しています。

　第三者行為災害においては、当該災害が業務災害、通勤災害に該当する場合、被災労働者（または遺族）は労災保険に対して保険給付請求権を取得すると同時に、第三者に対して民法上の損害賠償請求権をも取得することになります。この場合、双方から重複して同一損害の補てんを受けることになると、実際の損害額よりも多くの補償を受けるということになり不合理です。そこで、労災保険法第12条の４に労災保険としての調整規定が設けられており、必要な手続きが規定されています。

2 保険給付と損害賠償との調整（求償・控除）

　調整は労災保険側が行う事務で、原則、以下の通りに行います。

① 保険給付のほうが損害賠償より先に行われた場合

　保険給付を受けた者が、第三者に対して有する損害賠償請求権を政府が取得します。そして、代位取得した損害賠償請求権を第三者に直接行使することになります。これを「求償」といいます。

②　保険給付より先に損害賠償が行われた場合

　政府は、損害賠償が行われた限度において保険給付をしないことができます。保険給付すべき額が損害賠償の額より多い場合は、損害賠償として受けた額を差し引いた額を支給し、受けた損害賠償額のほうが保険給付の額より多い場合は、保険給付は行いません。これを「控除」といいます。

　　　求償と控除について、もう少しわかりやすく解説してください。

　高橋
　社労士

　　　労災保険の考え方は、「相手のある事故においては、損害賠償責任がある者が、その補償をすべきである」となっています。
　　　そのため、例えば、業務に関連して第三者から暴行を受けて負傷したとして、被災者が労災保険の請求を行って治療を労災保険扱いで受けた場合、（本来第三者が補償すべきものであるため）政府は支出した費用を相手方に請求します。これを「求償」といいます。
　　　逆に、相手が治療費を負担したのであれば、労災保険からはその分について給付しないということになります。これが「控除」です。

第三者行為災害の場合、相手（第三者）から損害賠償を先に受けるか、労災保険の給付を先に受けるかについて、誰が決めることになるのですか。

高橋
社労士

　被災労働者は、どちらにも請求できますので、自分で決めることができます。双方の過失も含めての事故の状況、相手方の資力（自動車であれば保険加入状況等）、ケガの程度、第三者（相手方）との交渉の状況等を勘案して処理を進める必要があります。

③ 労災保険給付の請求にあたって

　第三者行為災害において労災保険請求を行う場合には、所定の保険給付請求書とともに、労働基準監督署へ「第三者行為災害届」を提出しなければなりません（244ページ巻末資料「第三者行為災害のしおり」参照）。

労災請求を行う場合に「第三者行為災害届」を提出しなければならないということは、第三者からすべての補償を受けた場合には提出しなくてもよいということでしょうか。

高橋
社労士

　①第三者からすでに全損害の補てんを受けている場合、②真正にして全損害の補てんを目的とした示談が行われていることにより、労災保険給付を必要としない場合、③軽度の自動車事故で自賠責保険の支払限度額で処理が確実な場合には「第三者行為災害届」の提出は必要ありません。
　しかし、特別支給金は支給調整の対象にはなりませんので、上記①～③の場合も請求できます。その場合は、労働基準監督署による事実確認のため、提出を求められることがあります。

4 「示談」の取扱い

　被災労働者（受給権者）と第三者との間で示談が行われた場合は、保険給付は行われません。示談は、自己に対する損害賠償債務を免除させ、その範囲において損害賠償請求権を喪失することを意味しますので、労災保険としても、その限度においては保険給付を行う義務を免れるということになります。

　被災労働者（受給権者）にとって示談の持つ意味は非常に大きいものがありますので、第三者（相手方）との示談を行う際には注意が必要です。

5 求償の差し替え

　第三者行為災害における保険給付と損害賠償との調整において、保険給付のほうが損害賠償より先に行われた場合は、政府から第三者に対して「求償」が行われるということは先ほどご説明しましたが、特殊事案として、都道府県労働局長の裁量によって「求償」を行わないこともできることとされています。

　例えば、会社の同僚同士が業務に関連して暴行に至り、業務上災害と認定されて労災保険の給付が行われると、本来であれば暴行を加えた相手方（第三者）に政府が求償することになりますが、「事業主を同じくする同一職場の社員間の加害行為」として求償が行われないことになる場合があるということです。

●求償を行わないことができる場合

○事業主を同じくする同一職場の同僚の加害行為の場合
○事業場を異にする労働者間の加害行為であっても、事業主が同一人の場合
○同一作業場内で使用者を異にする労働者相互間の加害行為

【参考通達】

「労災保険法第12条の４の規定の解釈について」昭32.7.2基発第551号・昭57.3.12基発第174号・平8.3.5基発第99号

「労災保険法第12条の４関係事務の取扱いについて」昭35.11.2基発第934号・昭57.3.12基発第174号・平8.3.5基発第99号

「労災保険法第12条の４関係事務の取扱いの一部変更について」昭57.3.12基発第174号

「自動車損害賠償責任保険と労災保険との支払事務の調整について」昭41.12.16基発第1305号・平8.3.5基発第99号

「第三者行為災害に係る示談の取扱い」昭38.6.17基発第687号

「年金給付に係る労災保険法第12条の４関係事務の取扱い」昭41.6.17基発第610号・平8.3.5基発第99号

「第三者行為災害における支給調整事務の一部改正について」平8.3.5基発第99号

第**5**章

労働基準監督署における
給付決定事務

Ⅰ 行政庁の権限と事業主等への罰則

　労災保険給付請求書を受け付けた労働基準監督署においては、どのような調査が行われるのでしょうか。

　災害の原因および発生状況から判断して、労災保険としての保険給付対象となる事案なのかどうかの決定、給付対象となる受給者の決定、給付額の決定は、労働基準監督署の調査によって行われることになりますが、被災労働者、事業主にとって、労働基準監督署の認定調査の流れを知ることは非常に大事なことです。

　ここでは、労働基準監督署における給付決定事務について解説していきます。

> 　労災事故が起きると、労働基準監督署が立入り調査に来たり、関係書類の提出を求めたりすると聞きますが、労働基準監督署は労災給付にあたってどれほどの権限を持っているのですか。
>
> 高橋
> 社労士
>
> 　すべての労災給付事案に対して立入り調査や関係書類の提出指示を行うわけではありませんが、労災保険制度を適正に運用するために、職員に様々な権限を持たせています。

　行政機関としての労働基準監督署は、労災保険制度を運用するにあたって、どのような権限をもって調査を行っているのでしょうか。

　労働基準監督署が労災保険給付決定を行うために有している権限は、労災保険法第46条から第49条に規定されています。

　条文を確認しましょう。

第46条　（使用者等の報告、出頭等）

　　行政庁は、厚生労働省令で定めるところにより、労働者を使用する者、労働保険事務組合、第35条第1項に規定する団体、労働者派遣事業の適正な運営の確保及び派遣労働者の保護等に関する法律第44条第1項に規定する派遣先の事業主又は船員職業安定法第6条第11項に規定する船員派遣の役務の提供を受ける者に対して、この法律の施行に関し必要な報告、文書の提出又は出頭を命ずることができる。

第47条　（労働者及び受給者の報告、出頭等）

　　行政庁は、厚生労働省令で定めるところにより、保険関係が成立している事業に使用される労働者若しくは保険給付を受け、若しくは受けようとする者に対して、この法律の施行に関し必要な報告、届出、文書その他の物件の提出若しくは出頭を命じ、又は保険給付の原因である事故を発生させた第三者に対して、報告等を命ずることができる。

第47条の2　（受診命令）

　　行政庁は、保険給付に関して必要があると認めるときは、保険給付を受け、又は受けようとする者（遺族補償年金、複数事業労働者遺族年金又は遺族年金の額の算定の基礎となるものを含む。）に対し、その指定する医師の診断を受けるべきことを命ずることができる。

第47条の3　（保険給付の一時差止め）

　　政府は、保険給付を受ける権利を有する者が、正当な理由がなくて、第12条の7の規定による届出をせず、若しくは書類その他の物件の提出をしないとき、又は前二条の規定による命令に従わないときは、保険給付の支払を一時差し止めることができる。

第48条　（臨検、質問、検査）

①　行政庁は、この法律の施行に必要な限度において、当該職員に、適用事業の事業場、労働保険事務組合若しくは第35条第1項に規定する団体の事務所、労働者派遣法第44条第1項に規定する派遣先の事業の事業場又は船員派遣の役務の提供を受ける者の事業場に立ち入り、関係者に質問させ、又は帳簿書類その他の物件を検査させることができる。

②　前項の規定により立入検査をする職員は、その身分を示す証明

書を携帯し、関係者に提示しなければならない。

③ 第１項の規定による立入検査の権限は、犯罪捜査のために認められたものと解釈してはならない。

第49条　（診療担当者に対する命令等）

① 行政庁は、保険給付に関して必要があると認めるときは、厚生労働省令で定めるところによって、保険給付を受け、又は受けようとする者（遺族補償年金、複数事業労働者遺族年金又は遺族年金の額の算定の基礎となる者を含む。）の診療を担当した医師その他の者に対して、その行った診療に関する事項について、報告若しくは診療録、帳簿書類その他の物件の提示を命じ、又は当該職員に、これらの物件を検査させることができる。

② 前条第２項の規定は前項の規定による検査について、同条第３項の規定は前項の規定による権限について準用する。

ご覧の通り、労働基準監督署の担当官には、様々な権限が与えられていることがわかります。

> 会社においては、労働保険関係の書類について何年間の保存義務があるのですか。

高橋
社労士

> 保険関係が成立し、もしくは成立していた事業の事業主または労働保険事務組合もしくは労働保険事務組合であった団体は、労働保険に関する書類（労働保険徴収法または労働保険徴収法施行規則による書類を除く）を、その完結の日から３年間保存しなければならない、とされています。

行政庁の命令、報告等の指示に事業主等が従わなかった場合の罰則規定についても、同じく条文を確認しましょう。

第51条　（事業主等に関する罰則）

　事業主、派遣先の事業主又は船員派遣の役務の提供を受ける者が次の各号のいずれかに該当するときは、6月以下の懲役又は30万円以下の罰金に処する。労働保険事務組合又は第35条第1項に規定する団体がこれらの各号のいずれかに該当する場合におけるその違反行為をした当該労働保険事務組合又は当該団体の代表者又は代理人、使用人その他の従業者も、同様とする。

　一　第46条の規定による命令に違反して報告をせず、若しくは虚偽の報告をし、又は文書の提出をせず、若しくは虚偽の記載をした文書を提出した場合

　二　第48条第1項の規定による当該職員の質問に対して答弁をせず、若しくは虚偽の陳述をし、又は検査を拒み、妨げ、若しくは忌避した場合

第53条　（事業主等以外の者に関する罰則）

　事業主、労働保険事務組合、第35条第1項に規定する団体、派遣先の事業主及び船員派遣の役務の提供を受ける者以外の者（第三者を除く。）が次の各号のいずれかに該当するときは、6月以下の懲役又は20万円以下の罰金に処する。

　一　第47条の規定による命令に違反して報告若しくは届出をせず、若しくは虚偽の報告若しくは届出をし、又は文書その他の物件の提出をせず、若しくは虚偽の記載をした文書を提出した場合

　二　第48条第1項の規定による当該職員の質問に対し答弁をせず、若しくは虚偽の陳述をし、又は検査を拒み、妨げ、若しくは忌避した場合

　三　第49条第1項の規定による命令に違反して報告をせず、虚偽の報告をし、若しくは診療録、帳簿書類その他の物件の提示をせず、又は同条の規定による検査を拒み、妨げ、若しくは忌避した場合

　行政庁による命令等に従わなかったり、虚偽の報告をした場合においては、6月以下の懲役または罰金に処せられることになっており、そのような権限を背景として担当官による調査が行われています。

Ⅱ 請求書受付から決定までの流れ

　次に、保険給付請求書が労働基準監督署に届いた後、署内でどのように調査が進められるのかについてご説明します。

> 　労災請求については、提出してから決定されるまでに長い期間待たされると聞いたことがありますが、実際のところどうなのでしょうか。

高橋 社労士

> 　労働基準監督署には様々な事案の請求書が提出されますが、すべての事案が受付から決定までに相当な時間がかかるというわけではありません。事案の内容によっては、「本当に支給すべき事案なのか」「誰に支給するのか」「いくら支給するのか」などを、様々な角度から調査することもあるため、調査期間が数カ月に及ぶこともあります。

　労働基準監督署へ提出された各請求書は、記載内容に不備があったり、必要な添付書類が備わっていなかったとしても、受付印が押印され、その後の事務処理として記載内容の不備の補正、添付書類の送付依頼等が行われることになります。受理通知はありませんので注意が必要です。

　労働基準監督署における事務処理の一般的な流れは次の通りです。

※　以下に紹介する労働基準監督署における調査のプロセスは、あくまでも筆者が現職時において所属した組織において行われていたプロセスであって、すべての労働基準監督署で一律に行われているわけではありません。各都道府県労働局および各労働基準監督署では迅速・適切な業務を進めるため独自の処理要領を策定し、実務が行われていることを付け加えさせていただきます。

①　調査担当者の決定

↓

②　担当者による事案の区分整理

書面審査のうえ、次のAからCに区分される。

| A　支給処理 | — 書面審査のみで支給決定できる事案（確認資料を提出させたうえでの支給決定を含む） |

| B　回　送 | — 請求書提出先誤り事案であるため、正規の調査担当監督署への回送が必要なもの |

> 例）・出向者にかかる請求
> ・派遣労働者にかかる請求
> ・建設現場労働者（単独有期事業、一括有期事業）にかかる請求
> ・支店、営業所等の所属労働者にかかる請求

| C　保　留 | — 一旦保留扱いにする事案 |

保留事案は次の（ア）から（ウ）に区分される。

（ア）　簡易な不備についての補足確認が必要なもの－電話等により確認

> 例）・災害の原因および発生状況欄に記載された内容の確認
> ・未記入項目の確認（時刻、現認者、職種、通勤種別、通勤時間等）

（イ）　不備返戻－請求人または事業場担当者へ請求書を返戻し、不備の箇所について記入等を指示するもの

> 例）・医師証明欄の不備
> ・休業期間と医師証明欄の不整合
> ・平均賃金算定内訳の算定期間誤り

（ウ）　要調査事案として保留するもの

> 例）・職業性疾病事案
> ・第三者行為災害事案
> ・障害等級の決定を要する事案
> ・受給資格の調査を要する事案
> ・労働者性について疑義がある事案
> ・業務上外、通勤上外認定に疑義がある事案

```
        ↓
③  要調査事案に関する具体的調査内容の検討
        ↓
④  調査結果復命書作成・署内決裁
     ↓           ↓
⑤  支給処理      不支給処理
                  ↓
              不支給決定通知の送付
              不支給理由の明示
              審査請求にかかる教示
              （不支給決定理由説明）
```

　では、支給決定（不支給決定）までの流れに沿って解説します。

1 調査担当者の決定

　各請求書には直接窓口に持参されるもの、郵送されるものまたは医療機関等を経て労災（担当）課に届くものがありますが、その内容によって調査担当者を決定することになります。

　労働基準監督署では、労災（担当）課の規模等によって次のようにあらかじめ事務分担が決められています。

●**請求書の内容による事務分担の一例**（大規模な監督署）

第1班　第三者行為災害事案担当（第三者行為災害に該当する事案の調査を担当します）

第2班　業務上疾病事案担当（業務上疾病に該当する事案の調査を担当します）

第3班　長期療養者給付事案担当（療養期間が長期にわたっている事案の調査を担当します）

第4班　労災年金受給者担当（すでに労災年金を受給している事案の調査を担当します）

第5班　一般給付事案担当（上記に該当しない事案の調査を担当します）

※ 労働基準監督署労災（担当）課の事務分担は、署の規模、請求件数の状況等に応じて異なります。

2 担当者による事案の区分整理

担当者は、受け付けた請求書の記載内容を点検することになりますが、最初に大きく分けて次の区分で整理が行われます。

① 支給決定処理事案

記載内容から給付対象として問題点なしと判断され、保険給付支給決定処理を行うべき事案のこと

➡「本件、支給することといたしたい」として上席官職者、労災（担当）課長、副署長、労働基準監督署長の決裁を経て支払担当課へ請求書を引き継ぎます。

② 回送事案

管轄労働基準監督署を誤って提出された請求書で、保険給付事務を行うべき本来の労働基準監督署へ回送処理が必要な事案のこと

➡回送する根拠を示して「△△のため（例：出向労働者であり出向先事業場の保険関係において処理すべき事案であるため）○○労働基準監督署へ回送することといたしたい」として上席官職者、労災（担当）課長、副署長、労働基準監督署長の決裁を経て回送先労働基準監督署へ回送します。

③ 支給保留事案

記載内容から判断して、支給決定を保留して所定の調査を行うべき事案のこと

➡事案により対応が異なり、具体的に次のように対応しています。

（1） 請求書に軽微な記載漏れがある場合
→請求人または所属事業場に確認を行い、労働基準監督署において補正

（2） 請求書に軽微な記載漏れがあり補正による対応に適さないもの
　→請求人へ請求書を一旦返戻したうえで記載内容の整備を求める
（3） 労災保険としての給付対象事案に該当するかどうかの調査を要するもの
　→調査を行ったうえで判断

③ 要調査事案に関する具体的調査内容の検討

　以上の整理の後に、具体的調査が開始されることになりますが、上記②③（3）に該当する事案の場合、調査を行う準備として、次の調査項目等を検討します。

●調査の前に検討される調査項目

- 支給・不支給の判断の根拠となる法律条文、通達等は何か？
- 何をどのように調査・確認するのか？
- 誰に確認するのか？
- 書類は何を求めるのか？

　個々の請求事案にかかる負傷、疾病などについては、労働者の職種、災害発生状況、傷病名、請求記載状況等において同一事案はなく、それぞれの事案はその内容がすべて異なっているのが実情です。また、調査の過程において調査項目等が変化する場合もあります。

　したがって、「このような調査を行います」というように一律の調査内容を示すことはできませんが、下記の①〜⑤の観点からの調査を様々な認定基準、通達等に沿って行うことになります。

① 支給対象者としての妥当性

ア　労働者性
　➡請求人、事業主等から聴取、関係資料の確認等により調査
イ　遺族等の受給者適格性
　➡請求人等から聴取、関係資料の確認等により調査

ウ　特別加入に関する確認調査
　➡請求人等、関係資料等、委託事務組合への確認等により調査

②　業務上災害としての認定の可否

ア　認定基準、支給要件への該当性
　➡請求人、事業主等から聴取、関係資料の確認等、医学的参考意見
　の収集（主治医、専門医）により調査

③　通勤災害としての認定の可否

ア　認定基準、支給要件への該当性
　➡請求人、事業主等から聴取、関係資料の確認等、医学的参考意見
　の収集（主治医、専門医）により調査

④　支給額の妥当性

ア　平均賃金（算定基礎日額を算定する場合の賞与額）の算定の確認
イ　療養等の費用額の確認
ウ　障害等級の調査（障害認定、専門医からの医学的参考意見調査）
エ　遺族等の受給権者および受給資格者（加算対象者）の適格性調査
オ　第三者行為災害における相手方からの給付額等調査
カ　その他

⑤　そ　の　他

ア　費用徴収、支給制限の該当の有無
　➡保険料滞納状況、労働安全衛生法関係等の確認、重大過失の有無
　の確認、関係資料の確認等による調査
イ　時効の確認
ウ　その他

4 脳・心臓疾患事例、精神障害事例における業務の過重性にかかる調査の実施

　労働基準監督署が受け付けた請求事案が、脳・心臓疾患事案であっても精神障害事案であっても、事務処理のプロセスは他の事案と同様ですが、業務の過重性にかかる調査を行うにあたっては、その調査項目、調査対象、調査方法等が非常に多岐にわたります。労働基準監督署における一般的な流れは、以下の通りです。

① **請求書受付**
　↓
② **請求人に対して「請求人申立書」の作成提出依頼**
　↓
③ **請求人に対して「同意書」の作成提出依頼**
　↓
④ **所属事業場に対して関係書類の提出依頼文書発出**
　　　　　・会社概要
　　　　　・組織図
　↓　　　・請求人の担当業務等
　　　　　・請求人の勤怠記録
　　　　　・「使用者申立書」　等
⑤ **主治医に対して医学的意見聴取（文書）**
　↓
⑥ **事情聴取等（請求人・会社関係者・その他）の開始**
　　　　　・認定要件への該当性の把握
　↓　　　・「労働時間」の適正な把握　　等
　　　　　・「労働時間」以外の負荷要因の把握
⑦ **調査結果取りまとめ―専門部会**
　↓
⑧ **処　分**

　それでは、次に調査に登場する文書を紹介します。

①　請求人申立書

　調査開始にあたって事前の確認事項について、様式の項目に従って請求人が記入をするものです。

●主な記載内容（脳・心臓疾患）

- 労災請求をした理由
- 発症前の健康状態、嗜好等
- 仕事の内容
- 発症した当時の仕事の内容がわかっている方の職名・氏名
- 通勤方法および通勤時間
- 所定の休憩時間はとれていたか
- 時間外労働・休日労働時間を確認できるものの有無
- 発症前6カ月の仕事の内容
- 発症前の時間外労働・休日労働等の有無
- 発症前の状況
- その他特記事項

●主な記載内容（精神障害）

- 精神的な症状の経過
- 勤務状況等
- 発症前6カ月間の業務上の出来事の有無
- 仕事以外のこと
- 学歴・職歴・家族構成
- 資料等の有無（健康診断結果・勤務状況のメモ等）
- 発病の原因が業務にあると考える理由

②　同 意 書

　労働基準監督署長が、請求人の健康保険等で受診した病院等に対して診療報酬明細書、カルテ等の提出依頼を行うにあたって、請求人の同意書として提出させる文書です。

③ 使用者申立書

　調査開始にあたって事前の確認事項について、様式の項目に従って使用者が記入するものです。

●**主な記載内容**

> ・事業の概要等
> ・請求人にかかる労働条件、勤務形態等
> ・請求人における業務による心理的負荷（出来事）について
> ・労働時間について
> ・使用者としての意見

④ 事情聴取等

　請求人、会社関係者等を対象として事情聴取を通して、事実関係の把握、労働時間の把握等を行います。

　聴取は、事前に記入・提出した申立て内容を確認し、補足部分や追加申立事項等についてやり取りをします。

5 調査結果復命書作成・署内決裁

　以上のように、労働基準監督署が受け付けた労災支給請求事案についての「労災保険の給付対象事案に該当するのかどうか」「誰に対して支給を行い、支給額はいくらか」等の調査結果が「実地調査（結果）復命書」として取りまとめられ、調査官の最終的な意見として「調査の結果、支給することといたしたい」（支給決定）または「調査の結果、○○のため不支給決定することといたしたい」（不支給決定）として上席官職者、労災（担当）課長、副署長、労働基準監督署長の決裁を経て決定されることになります。

6　支給処理または不支給処理

5 によって支給決定となった事案については、請求人または労災指定病院に対して所定の給付が行われ、不支給決定となった事案については、請求人に対して不支給決定通知が送付されることになります。

保険給付に関する処分の通知については、労災保険法施行規則第19条に「所轄都道府県労働局長又は所轄労働基準監督署長は、保険給付に関する処分（中略）を行ったときは、遅滞なく、文書で、その内容を請求人（中略）に通知しなければならない」と規定されています。

決定通知、不支給決定通知は同条に基づいて送付される文書であって、決定内容について示すことになります。

不支給決定通知の送付にあたっては不支給理由を示すことになりますが、その文面は以下の例のように非常に簡単なものになっており、なぜ「認められない」のかは示されず、結論だけとなっていますので、不支給決定通知の文面以上の不支給理由の詳細について知りたい場合は労働基準監督署に説明を求めることができます。

●不支給決定通知文面例

- 請求人にあっては、労働者と認められないため不支給と決定したものです。
- 請求のあった期間のうち、○年○月○日から○年○月○日までは、療養のため就労できなかったとは認められない（時効後の請求の）ため不支給と決定したものです。
- 請求のあった○○（疾病名）については、業務に起因する疾病とは認められないので不支給と決定したものです。

以上が、労働基準監督署が請求書を受け付けてから決定処分するまでの一般的なプロセスになります。

第**6**章

不服申立制度

これから「不服申立制度」についてご説明します。

不服申立ては、労災請求人が行うものですので、この研修を受講されている各部署の労務担当者、社会保険担当者の方々が、手続きとして何かしなければいけないというものではありません。とはいえ、労災保険制度を理解するうえで欠かせない内容ですので、ぜひ理解を深めていただきたいと思います。

1 審査請求制度

労働基準監督署に提出された請求書については、当然ながらすべてが労災認定されるわけではなく、必ずしも所定の保険給付を受けることができるわけではありません。労働基準監督署は、通達、認定基準等に沿って調査を行い、その結果として労働基準監督署長が支給決定または不支給決定を行うことになります。

行政は、様々な処分にあたり処分内容を記載した通知を送付するわけですが、その際、相手方に対して、①当該決定について不服申立てができること、②不服申立てをすべき行政庁、③不服申立てをすることができる期間について、その通知文によって教示しなければならないことになっています。

通知を受けた被災労働者または遺族が、受けた処分について「納得がいかない」「不服がある」「席を変えて改めて主張を聞いてほしい」ということは当然あり得ることです。その場合に行う不服申立ての手続きについては、労災保険法第38条以下に規定されています。

不服申立ては、労働基準監督署長が行った処分について、都道府県労働局の労災保険審査官に対して「労働保険審査請求書」を提出して行います。

審査官による審査の結果、請求が棄却された場合において、労災保険審査官の決定に不服があれば、労働保険審査会に対して「再審査請求書」を提出して再審査を求めるか、裁判所へ出訴することができます。

従来は労災保険審査官への審査請求、これが棄却されたときには労

働保険審査会への再審査請求を行い、労働保険審査会の裁決を経た後でなければ取消しの訴えを提起することができないという二重前置制度となっていましたが、平成28年4月の行政不服審査法の改正、労災保険法の改正により二重前置制度は廃止されました。

　都道府県労働局の労災保険審査官に対する審査請求は、原処分（労働基準監督署長による処分）があったことを知った日の翌日から起算して3カ月以内に行わなければならないことになっています。

> 審査請求書を提出することによって労災保険審査官は改めて一から調査をするということですか。

高橋
社労士

> 労災保険審査官が改めて調査を一から行うのではなく、労働基準監督署における調査内容、調査結果を踏まえたうえで、監督署の判断が妥当であったかどうかについて審査を行うことになります。当然、追加調査が必要であれば事情聴取等を行います。

2　審査請求の対象となる処分

　では、審査請求ができる処分にはどのようなものがあるでしょうか。労働基準監督署が下す行政処分は数多くあります。保険給付に関するものだけをとっても、「支給する・支給しない」の処分はもちろんですが、支給するにしても、例えば、「障害等級は何級と認定するのか」「支給額の基礎となる給付基礎日額はいくらと決定するのか」や、給付の決定以外でいえば、「保険料の決定に関すること」「徴収に関すること」「適用関係に関すること」等、非常に多岐にわたります。

　労災保険法第38条の条文で確認すると、「保険給付に関する決定に不服のある者は、労働者災害補償保険審査官に対して審査請求をし、その決定に不服のある者は、労働保険審査会に対して再審査請求をす

ることができる。」となっていて、審査請求の対象となる処分は、労災保険給付に関する決定に限られています。

保険給付に関する決定というのは、例えば、「障害補償等給付として●円を支給する」や、「○月○日から△月△日の間の休業補償給付として●円を支給する」「○月○日から△月△日の間の休業については、休業の必要性が認められないので不支給とする」というような処分をいいます。

そのため、業務上疾病で不支給決定を受けた場合は、「遺族補償給付は支給されません」という決定に対して不服申立てをするのであって、業務に起因していないということ（これは支給をしないことの根拠）に対して不服申立てをするわけではありません。

また、例えば、労災の療養期間が長期にわたっている被災労働者に対して、療養の経過や主治医・専門医の意見をもとにして労働基準監督署の権限で療養を中止させる「認定治ゆ」という処分をする場合があります。事例として、労働基準監督署長が文書にて「○月末をもって治ゆと認定する」という通知を出した場合、被災労働者はその通知に対して審査請求ができるわけではなく、不服があれば○月の翌月に病院にかかり、その費用を労働基準監督署へ請求をし、その不支給決定処分を受けてから、その処分に対して審査請求をするという手順になります。

保険給付ではないもの、例えば、特別支給金については、審査請求の対象にはならないということになりますし、給付基礎日額、遺族年金の対象遺族の決定内容については、要件事実の認定の部分、つまり、労災保険給付として支給するかしないかの直接の処分ではありませんので、審査請求の対象にはならないということになります。

> 不支給決定された処分について審査請求を行うというのはわかるのですが、支給決定されて給付を受けたのに審査請求する場合もあるのですか。

高橋
社労士

> 例えば、請求した障害（補償）等給付について、決定された障害等級に不服があることにより審査請求が行われるというのはよくあります。
> この場合は、障害等級の取消しを求めるのではなく、支給された給付額について取消しを求めるという考え方です。

③　審査請求書の用紙および記載例

　労働保険審査請求書の記載例は、巻末資料242ページの通りです。審査請求は労働基準監督署長による処分（原処分）があったことを知った日の翌日から起算して3カ月以内に行わなければなりませんが、「原処分があったことを知った日」というのは、当該「処分通知を受け取った日」を記入することになります。

　審査請求にあたって注意しなければいけないことは、原処分の通知ごとに審査請求を行う必要があるということです。例えば、遺族（補償）等給付、葬祭料の不支給処分に対して審査請求をしようとした場合、死亡前の休業（補償）等給付についても不支給処分を受けていたとすれば、休業（補償）等給付についての審査請求書も提出する必要があります。

④　審査請求人の資格

　審査請求は、その行政処分に対して関わりのある者であれば誰でもできるというものではありません。

　審査請求をできる者とは、処分によって、直接、自己の権利または

利益を侵害された者をいいます。

〈審査請求できる者〉

- 原処分を受けた者
- 行方不明となっている遺族（補償）等給付受給権者の財産管理人
- 原処分を受けた者（遺族（補償）等給付の不支給決定を受けた者を除く）が審査請求前に死亡した場合の相続人

〈審査請求できない者〉

- 事業主
- 第三者行為災害の加害者
- 療養の給付としての医療費の査定に不服のある指定医療機関

5　代 理 人

　「労働保険審査官及び労働保険審査会法」第9条の2の規定により、審査請求は、代理人によってすることができます。

　代理人に資格要件はありませんので、代理権を明確にするために「委任状」を提出し、委任状に「審査請求人と代理人との関係」および「代理人の職業」を記載すれば、誰でも代理人になることができます。

6　審査請求後の流れ

　都道府県労働局に置かれた労災保険審査官は、審査請求書の提出を受けた後、労働基準監督署の調査内容、調査結果の精査をしたうえで、審査請求人聴取、必要があれば追加調査等を行い、労働基準監督署長

●審査請求の仕組み

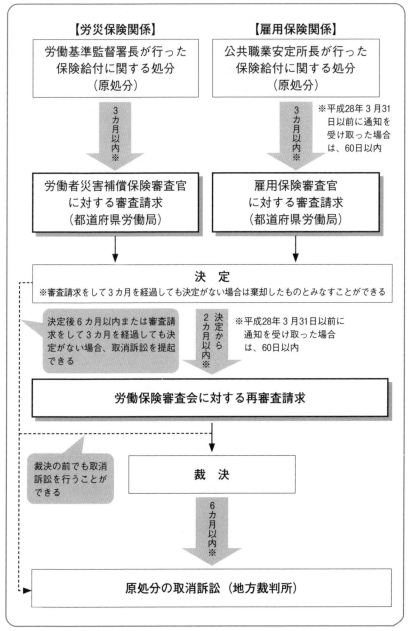

【労災保険関係】

労働基準監督署長が行った
保険給付に関する処分
（原処分）

3カ月以内※

労働者災害補償保険審査官
に対する審査請求
（都道府県労働局）

【雇用保険関係】

公共職業安定所長が行った
保険給付に関する処分
（原処分）

3カ月以内※

※平成28年3月31
日以前に通知を
受け取った場合
は、60日以内

雇用保険審査官
に対する審査請求
（都道府県労働局）

決　定
※審査請求をして3カ月を経過しても決定がない場合は棄却したものとみなすことができる

決定後6カ月以内または審査請
求をして3カ月を経過しても決
定がない場合、取消訴訟を提起
できる

決定から2カ月以内※

※平成28年3月31日以前に
通知を受け取った場合
は、60日以内

労働保険審査会に対する再審査請求

裁決の前でも取消
訴訟を行うことが
できる

裁　決

6カ月以内※

原処分の取消訴訟（地方裁判所）

（出典：厚生労働省ホームページより）

の処分が妥当だったのかどうかを判断することになります。

　審査請求が受理されてからの審査の流れは、前ページの通りとなります。

　「労災保険審査請求事務取扱手引の一部改正」（令和2年8月21日施行）によって、審査官は、労働基準監督署長からの意見書を事前に審査請求人に提示し、労働基準監督署長の処分理由を明確にしたうえで審理を行うこととされました。意見書が具体的な審理前に審査請求人に示されるということによって、審査請求人が監督署における判断根拠を確認できるため争点がはっきりするという点からみて、非常に大きい改正であったと思います。

> 審査請求を行っても、労働基準監督署の判断が覆される確率というのは非常に低いと聞いたことがあります。

高橋社労士

> 　労災保険審査官は都道府県労働局に置かれていますが、厚生労働大臣から任命されて独立して判断を行うことになっています。
> 　しかし、法令の適用にあたっては行政解釈等に拘束されますので、労働基準監督署長が行った処分内容と同じ決定になることが多いというのも致し方ないのでは、と思います。
> 　もちろん、労災保険審査官によって「労働基準監督署の決定は取り消されるべきである」という判断がされることもありますので、審査請求制度を活用することは必要なことであると思います。

7 再審査請求制度

　労災保険審査官の決定に対して、なお不服があるという場合には、決定書を受け取った日から2カ月以内に労働保険審査会に対して再審

査請求を行うことができます。また、審査官が、審査請求書の受理から3カ月以内に決定を行わない場合にも再審査請求ができることになっています。

　労災保険審査官の決定に不服があるため再審査請求を行うとはいっても、再審査請求はあくまでも原処分に対する不服を申し立てることになります。

　労働保険審査会は全国に一カ所、東京にだけ設置され、9人の委員で構成される合議制の機関で、委員は厚生労働大臣により国会の同意を得たうえで任命されています。

第**7**章

その他

Ⅰ　時　効

　労災保険給付の種別ごとに定められた保険給付を受ける権利の時効
は下記の通りです。

種　別	時効の起算日	時効年数
療養（補償）等給付	療養に要する費用の支出が具体的に確立した日の翌日	２年
休業（補償）等給付	労働不能により賃金を受けない日ごとにその翌日	２年
介護（補償）等給付	支給事由が生じた月の翌月の初日	２年
二次健康診断等給付	一次健康診断の結果を了知し得る日の翌日	２年
葬祭料・葬祭給付	労働者が死亡した日の翌日	２年
障害（補償）等給付	傷病が治った日の翌日	５年
遺族（補償）等給付	労働者が死亡した日の翌日	５年

　時効によって消滅するのは、保険給付の支給決定を請求する権利で
す。したがって、傷病（補償）等年金を受ける権利については、請求
によらずに政府の職権で支給決定が行われるものですので、時効とい
う考えはありません。

　時効については、「保険給付請求書の提出後も政府の支給決定があ
るまでは時効が進行すると解するのは不合理であり、結局、保険給付
請求書の提出があったときに、受給権の問題はなくなると解される。
したがって、この場合は、時効といっても実体的には請求書提出期間
の制限であり、むしろ除斥期間に近いこととなる。」（以上、『労働者
災害補償保険法』―労働法コンメンタール５―厚生労働省労働基準局
労災補償部労災管理課編（労務行政刊））とされています。

　療養（補償）等給付においては、治療という現物給付の場合には問
題は生じませんが、費用請求を行う場合の時効が問題となります。療
養の費用の支給を受ける権利は費用を支出した都度（または、当該費
用の支出が具体的に確定した都度）発生し、その翌日からその費用ご

とに時効が進行することになります。

　例えば、誤って健康保険で受診してしまい、労災保険への切替えを行うべく健康保険受診分の精算を行った場合は、受診日が起算日ではなく、健康保険への返還金額が確定した日が時効の起算日ということになります。

　なお、障害（補償）等年金前払一時金、遺族（補償）等前払一時金の支給決定請求権は2年で時効にかかり、障害（補償）等年金差額一時金は5年で時効にかかります。

　　　　先ほどの請求書提出と支給決定、時効についての説明について、もう少し解説していただけませんか。

高橋
社労士

　　　　請求書が労働基準監督署へ提出されてから調査に相当の期間を要するという事案も多くあります。
　　　労働基準監督署での調査中において、時効年数を超えてしまう場合も考えられるわけですが、請求書提出後も時効が進行するというのではなく、時効といっても時効の起算日から請求書提出までの期間の制限であるという意味です。

【参考通達】
「保険給付を受ける権利の時効」昭41.1.31基発第73号
「傷病補償年金を受ける権利の時効について」昭52.3.30基発第192号

Ⅱ 開示請求制度

1 情報公開法

　情報公開法（「行政機関の保有する情報の公開に関する法律」）は、行政機関の保有する情報の公開を図ることで、行政機関における諸活動の国民への説明責任を果たすとともに、国民に信頼される公正で民主的な行動に資することを目的として、平成13年4月1日に施行されました。この法律の施行によって、何人も行政機関の長に対し、当該行政機関の保有する行政文書の開示を請求することができることになりました。

　「行政文書」とは、行政機関の職員が職務上作成し、または取得した文書、図画および電磁的記録であって、当該行政機関の職員が組織的に用いるものとして、当該行政機関が保有しているものをいいます。

2 行政機関個人情報保護法

　行政機関個人情報保護法（「行政機関の保有する個人情報の保護に関する法律」）は、行政の適正かつ円滑な運営を図りつつ、個人の権利利益を保護することを目的に、平成17年4月1日に施行されたものです。

　「個人情報」とは、生存する個人に関する情報であって、当該情報に含まれる氏名、生年月日その他の記述等により特定の個人を識別することのできるもの（他の情報と照合することができ、それにより特定の個人を識別することができることとなるものを含む）をいい、「保有個人情報」というのは、行政機関の職員が職務上作成し、または取得した個人情報であって、当該行政機関の職員が組織的に利用するものとして、当該行政機関が保有しているものをいいます。

　この法律の施行によって、何人も行政機関の長に対し、当該行政機関の保有する自己を本人とする保有個人情報の開示を請求できることになりました。

「情報公開法」に基づく開示請求、「行政機関個人情報保護法」に基づく開示請求があるということですが、具体的にどのような文書が開示対象の文書になるのですか。

高橋
社労士

「情報公開法」に基づく開示請求では、行政機関で作成された内部管理規定、行政運営方針、業務処理要領等が開示請求できる文書ということになります。
　また、「行政機関個人情報保護法」に基づく開示請求では、自身が労災で療養の給付を受けた際に、労災指定医療機関の病院から労働局にその治療費の費用請求がなされた分の診療報酬明細（いわゆるレセプト）であったり、労働基準監督署長が労災給付の決定を行う際、労働基準監督署内で作成された給付実地調査復命書等が該当します。

3　開示請求手続き

　情報公開法による開示請求の場合は「行政文書開示請求書」、行政機関個人情報保護法による開示請求の場合には「保有個人情報開示請求書」に必要事項を記載し、手数料として1件あたり300円の印紙を貼って提出することになります。

　開示請求があった行政文書の開示・不開示の決定は、原則として開示請求があった日から30日以内に行われ、開示請求者に書面（郵送）により通知されます。

不開示の決定もあるということは、開示請求を行えば当該文書について必ずしもすべてを見ることができるというわけではないということですね。

高橋
社労士

情報公開法および行政機関個人情報保護法においては「不開示情報」が定められていて、開示にあたって当該部分は除かれることになります。「不開示情報の部分は除かれる」ということは、当該部分については黒塗りされて開示されるということです。詳細は条文を確認してください。

開示、不開示の決定は、原則として請求があった日から30日以内に行われるということは、審査請求との関連においても重要な位置付けだということですね。

高橋
社労士

仰る通りです。審査請求は原処分があったことを知った日の翌日から起算して3カ月以内に行うことになっていますので、開示請求を行って例えば労災請求にかかる調査結果復命書の開示を受け、内容を確認したうえで審査請求に進むという流れは多く見受けられるところです。

研修の終わりにあたって

高橋
社労士

　これで「労災保険制度」についての解説を終わります。

　労災保険制度の全体にわたって、概要から具体的な手続き、不服申立制度に至るまで、現実的で、率直な疑問を投げかけていただきながら、できるだけわかりやすくお話したつもりですがいかがでしたか。
　皆さんが積極的に疑問点を出してくれたおかげで、説明内容も幅広く行うことができました。眠い時間帯もあったかと思いますが、皆さんの熱心な姿勢がこちらにも伝わってきた３日間でした。

　すべての項目について深く説明できたわけではありませんが、従業員の方から質問を受けた際、また、労災事故が起きてしまって実務として処理をしなければならない場面になった際に、労災保険の考え方に沿った説明、状況に応じた正しい手続きを行うにあたって参考となれば幸いです。
　ぜひ、今回の研修テキストをすぐに取り出せるところへ置いていただき、いつでも確認できる参考書として活用してください。

　なお、今回の研修テキストを作成するにあたっては、法律条文や参考通達についての細かい説明は省略しています。
　事務処理上で必要になった際に、詳細については確認されるようお願いします。

　それでは、３日間お疲れ様でした。ありがとうございました。

巻末資料

◆労災保険率表 （令和6年4月1日施行）

(単位：1/1,000)

事業の種類の分類	業種番号	事 業 の 種 類	労災保険率
林　　　　　業	02 又は 03	林業	52
漁　　　　　業	11	海面漁業（定置網漁業又は海面魚類養殖業を除く。）	18
	12	定置網漁業又は海面魚類養殖業	37
鉱　　　　　業	21	金属鉱業、非金属鉱業（石灰石鉱業又はドロマイト鉱業を除く。）又は石炭鉱業	88
	23	石灰石鉱業又はドロマイト鉱業	13
	24	原油又は天然ガス鉱業	2.5
	25	採石業	37
	26	その他の鉱業	26
建　設　事　業	31	水力発電施設、ずい道等新設事業	34
	32	道路新設事業	11
	33	舗装工事業	9
	34	鉄道又は軌道新設事業	9
	35	建築事業（既設建築物設備工事業を除く。）	9.5
	38	既設建築物設備工事業	12
	36	機械装置の組立て又は据付けの事業	6
	37	その他の建設事業	15
製　造　業	41	食料品製造業	5.5
	42	繊維工業又は繊維製品製造業	4
	44	木材又は木製品製造業	13
	45	パルプ又は紙製造業	7
	46	印刷又は製本業	3.5
	47	化学工業	4.5
	48	ガラス又はセメント製造業	6
	66	コンクリート製造業	13
	62	陶磁器製品製造業	17
	49	その他の窯業又は土石製品製造業	23
	50	金属精錬業（非鉄金属精錬業を除く。）	6.5
	51	非鉄金属精錬業	7
	52	金属材料品製造業（鋳物業を除く。）	5
	53	鋳物業	16
	54	金属製品製造業又は金属加工業（洋食器、刃物、手工具又は一般金物製造及びめつき業を除く。）	9
	63	洋食器、刃物、手工具又は一般金物製造業（めつき業を除く。）	6.5

事業の種類の分類	業種番号	事 業 の 種 類	労災保険率
	55	めっき業	6.5
	56	機械器具製造業（電気機械器具製造業、輸送用機械器具製造業、船舶製造又は修理業及び計量器、光学機械、時計等製造業を除く。）	5
	57	電気機械器具製造業	3
	58	輸送用機械器具製造業（船舶製造又は修理業を除く。）	4
	59	船舶製造又は修理業	23
	60	計量器、光学機械、時計等製造業（電気機械器具製造業を除く。）	2.5
	64	貴金属製品、装身具、皮革製品等製造業	3.5
	61	その他の製造業	6
運　輸　業	71	交通運輸事業	4
	72	貨物取扱事業（港湾貨物取扱事業及び港湾荷役業を除く。）	8.5
	73	港湾貨物取扱事業（港湾荷役業を除く。）	9
	74	港湾荷役業	12
電気、ガス、水道又は熱供給の事業	81	電気、ガス、水道又は熱供給の事業	3
その他の事業	95	農業又は海面漁業以外の漁業	13
	91	清掃、火葬又はと畜の事業	13
	93	ビルメンテナンス業	6
	96	倉庫業、警備業、消毒又は害虫駆除の事業又はゴルフ場の事業	6.5
	97	通信業、放送業、新聞業又は出版業	2.5
	98	卸売業・小売業、飲食店又は宿泊業	3
	99	金融業、保険業又は不動産業	2.5
	94	その他の各種事業	3

	90	船舶所有者の事業	42

（厚生労働省ホームページより）

◆障害等級表

労働者災害補償保険法施行規則

別表第一　障害等級表　　　　　　　　　　　（平成 23 年 2 月 1 日施行）

障害等級	給付の内容	身体障害
第1級	当該障害の存する期間 1 年につき給付基礎日額の313日分	(1)　両眼が失明したもの (2)　そしゃく及び言語の機能を廃したもの (3)　神経系統の機能又は精神に著しい障害を残し、常に介護を要するもの (4)　胸腹部臓器の機能に著しい障害を残し、常に介護を要するもの (5)　削除 (6)　両上肢をひじ関節以上で失ったもの (7)　両上肢の用を全廃したもの (8)　両下肢をひざ関節以上で失ったもの (9)　両下肢の用を全廃したもの
第2級	同277日分	(1)　一眼が失明し、他眼の視力が0.02以下になったもの (2)　両眼の視力が0.02以下になったもの (2)の2　神経系統の機能又は精神に著しい障害を残し、随時介護を要するもの (2)の3　胸腹部臓器の機能に著しい障害を残し、随時介護を要するもの (3)　両上肢を手関節以上で失ったもの (4)　両下肢を足関節以上で失ったもの
第3級	同245日分	(1)　一眼が失明し、他眼の視力が0.06以下になったもの (2)　そしゃく又は言語の機能を廃したもの (3)　神経系統の機能又は精神に著しい障害を残し、終身労務に服することができないもの (4)　胸腹部臓器の機能に著しい障害を残し、終身労務に服することができないもの (5)　両手の手指の全部を失ったもの
第4級	同213日分	(1)　両眼の視力が0.06以下になったもの (2)　そしゃく及び言語の機能に著しい障害を残すもの (3)　両耳の聴力を全く失ったもの (4)　一上肢をひじ関節以上で失ったもの (5)　一下肢をひざ関節以上で失ったもの (6)　両手の手指の全部の用を廃したもの (7)　両足をリスフラン関節以上で失ったもの
第5級	同184日分	(1)　一眼が失明し、他眼の視力が0.1以下になったもの (1)の2　神経系統の機能又は精神に著しい障害を残し、特に軽易な労務以外の労務に服することができないもの (1)の3　胸腹部臓器の機能に著しい障害を残し、特に軽易な労務以外の労務に服することができないもの (2)　一上肢を手関節以上で失ったもの (3)　一下肢を足関節以上で失ったもの (4)　一上肢の用を全廃したもの (5)　一下肢の用を全廃したもの (6)　両足の足指の全部を失ったもの

障害等級	給付の内容	身体障害
第6級	同156日分	(1) 両眼の視力が0.1以下になったもの (2) そしゃく又は言語の機能に著しい障害を残すもの (3) 両耳の聴力が耳に接しなければ大声を解することができない程度になったもの (3)の2 一耳の聴力を全く失い、他耳の聴力が40センチメートル以上の距離では普通の話声を解することができない程度になったもの (4) せき柱に著しい変形又は運動障害を残すもの (5) 一上肢の三大関節中の二関節の用を廃したもの (6) 一下肢の三大関節中の二関節の用を廃したもの (7) 一手の五の手指又は母指を含み四の手指を失ったもの
第7級	同131日分	(1) 一眼が失明し、他眼の視力が0.6以下になったもの (2) 両耳の聴力が40センチメートル以上の距離では普通の話声を解することができない程度になったもの (2)の2 一耳の聴力を全く失い、他耳の聴力が1メートル以上の距離では普通の話声を解することができない程度になったもの (3) 神経系統の機能又は精神に障害を残し、軽易な労務以外の労務に服することができないもの (4) 削除 (5) 胸腹部臓器の機能に障害を残し、軽易な労務以外の労務に服することができないもの (6) 一手の母指を含み三の手指又は母指以外の四の手指を失ったもの (7) 一手の五の手指又は母指を含み四の手指の用を廃したもの (8) 一足をリスフラン関節以上で失ったもの (9) 一上肢に偽関節を残し、著しい運動障害を残すもの (10) 一下肢に偽関節を残し、著しい運動障害を残すもの (11) 両足の足指の全部の用を廃したもの (12) 外貌に著しい醜状を残すもの (13) 両側のこう丸を失ったもの
第8級	給付基礎日額の503日分	(1) 一眼が失明し、又は一眼の視力が0.02以下になったもの (2) せき柱に運動障害を残すもの (3) 一手の母指を含み二の手指又は母指以外の三の手指を失ったもの (4) 一手の母指を含み三の手指又は母指以外の四の手指の用を廃したもの (5) 一下肢を5センチメートル以上短縮したもの (6) 一上肢の三大関節中の一関節の用を廃したもの (7) 一下肢の三大関節中の一関節の用を廃したもの (8) 一上肢に偽関節を残すもの (9) 一下肢に偽関節を残すもの (10) 一足の足指の全部を失ったもの
第9級	同391日分	(1) 両眼の視力が0.6以下になったもの (2) 一眼の視力が0.06以下になったもの (3) 両眼に半盲症、視野狭さく又は視野変状を残すもの

障害等級	給付の内容	身体障害
第9級	同391日分	(4) 両眼のまぶたに著しい欠損を残すもの (5) 鼻を欠損し、その機能に著しい障害を残すもの (6) そしゃく及び言語の機能に障害を残すもの (6)の2 両耳の聴力が1メートル以上の距離では普通の話声を解することができない程度になったもの (6)の3 一耳の聴力が耳に接しなければ大声を解することができない程度になり、他耳の聴力が1メートル以上の距離では普通の話声を解することが困難である程度になったもの (7) 一耳の聴力を全く失ったもの (7)の2 神経系統の機能又は精神に障害を残し、服することができる労務が相当な程度に制限されるもの (7)の3 胸腹部臓器の機能に障害を残し、服することができる労務が相当な程度に制限されるもの (8) 一手の母指又は母指以外の二の手指を失ったもの (9) 一手の母指を含み二の手指又は母指以外の三の手指の用を廃したもの (10) 一足の第一の足指を含み二以上の足指を失ったもの (11) 一足の足指の全部の用を廃したもの (11)の2 外貌に相当程度の醜状を残すもの (12) 生殖器に著しい障害を残すもの
第10級	同302日分	(1) 一眼の視力が0.1以下になったもの (1)の2 正面視で複視を残すもの (2) そしゃく又は言語の機能に障害を残すもの (3) 十四歯以上に対し歯科補てつを加えたもの (3)の2 両耳の聴力が1メートル以上の距離では普通の話声を解することが困難である程度になったもの (4) 一耳の聴力が耳に接しなければ大声を解することができない程度になったもの (5) 削除 (6) 一手の母指又は母指以外の二の手指の用を廃したもの (7) 一下肢を3センチメートル以上短縮したもの (8) 一足の第一の足指又は他の四の足指を失ったもの (9) 一上肢の三大関節中の一関節の機能に著しい障害を残すもの (10) 一下肢の三大関節中の一関節の機能に著しい障害を残すもの
第11級	同223日分	(1) 両眼の眼球に著しい調節機能障害又は運動障害を残すもの (2) 両眼のまぶたに著しい運動障害を残すもの (3) 一眼のまぶたに著しい欠損を残すもの (3)の2 十歯以上に対し歯科補てつを加えたもの (3)の3 両耳の聴力が1メートル以上の距離では小声を解することができない程度になったもの (4) 一耳の聴力が40センチメートル以上の距離では普通の話声を解することができない程度になったもの (5) せき柱に変形を残すもの (6) 一手の示指、中指又は環指を失ったもの

障害等級	給付の内容	身体障害
第11級	同223日分	(7)　削除 (8)　一足の第一の足指を含み二以上の足指の用を廃したもの (9)　胸腹部臓器の機能に障害を残し、労務の遂行に相当な程度の支障があるもの
第12級	同156日分	(1)　一眼の眼球に著しい調節機能障害又は運動障害を残すもの (2)　一眼のまぶたに著しい運動障害を残すもの (3)　七歯以上に対し歯科補てつを加えたもの (4)　一耳の耳かくの大部分を欠損したもの (5)　鎖骨、胸骨、ろく骨、肩こう骨又は骨盤骨に著しい変形を残すもの (6)　一上肢の三大関節中の一関節の機能に障害を残すもの (7)　一下肢の三大関節中の一関節の機能に障害を残すもの (8)　長管骨に変形を残すもの (8)の2　一手の小指を失ったもの (9)　一手の示指、中指又は環指の用を廃したもの (10)　一足の第二の足指を失ったもの、第二の足指を含み二の足指を失ったもの又は第三の足指以下の三の足指を失ったもの (11)　一足の第一の足指又は他の四の足指の用を廃したもの (12)　局部にがん固な神経症状を残すもの (13)　削除 (14)　外貌に醜状を残すもの
第13級	同101日分	(1)　一眼の視力が0.6以下になったもの (2)　一眼に半盲症、視野狭さく又は視野変状を残すもの (2)の2　正面視以外で複視を残すもの (3)　両眼のまぶたの一部に欠損を残し又はまつげはげを残すもの (3)の2　五歯以上に対し歯科補てつを加えたもの (3)の3　胸腹部臓器の機能に障害を残すもの (4)　一手の小指の用を廃したもの (5)　一手の母指の指骨の一部を失ったもの (6)　削除 (7)　削除 (8)　一下肢を1センチメートル以上短縮したもの (9)　一足の第三の足指以下の一又は二の足指を失ったもの (10)　一足の第二の足指の用を廃したもの、第二の足指を含み二の足指の用を廃したもの又は第三の足指以下の三の足指の用を廃したもの
第14級	同56日分	(1)　一眼のまぶたの一部に欠損を残し、又はまつげはげを残すもの (2)　三歯以上に対し歯科補てつを加えたもの (2)の2　一耳の聴力が1メートル以上の距離では小声を解することができない程度になったもの (3)　上肢の露出面にてのひらの大きさの醜いあとを残すもの (4)　下肢の露出面にてのひらの大きさの醜いあとを残すもの (5)　削除

障害等級	給付の内容	身体障害
第14級	同56日分	(6) 一手の母指以外の手指の指骨の一部を失ったもの (7) 一手の母指以外の手指の遠位指節間関節を屈伸することができなくなったもの (8) 一足の第三の足指以下の一又は二の足指の用を廃したもの (9) 局部に神経症状を残すもの (10) 削除

1　視力の測定は、万国式視力表による。屈折異常のあるものについてはきょう正視力について測定する。

2　手指を失ったものとは、母指は指節間関節、その他の手指は近位指節間関節以上を失ったものをいう。

3　手指の用を廃したものとは、手指の末節骨の半分以上を失い、又は中手指節関節若しくは近位指節間関節（母指にあっては指節間関節）に著しい運動障害を残すものをいう。

4　足指を失ったものとは、その全部を失ったものをいう。

5　足指の用を廃したものとは、第一の足指は末節骨の半分以上、その他の足指は遠位指節間関節以上を失ったもの又は中足指節関節若しくは近位指節間関節（第一の足指にあっては指節間関節）に著しい運動障害を残すものをいう。

（厚生労働省ホームページより）

◆傷病等級表

労働者災害補償保険法施行規則

別表第二　傷病等級表　　　　　　　　　　（平成 23 年 2 月 1 日施行）

傷病等級	給付の内容	障害の状態
第 1 級	当該障害の状態が継続している期間 1 年につき給付基礎日額の313日分	(1)　神経系統の機能又は精神に著しい障害を有し、常に介護を要するもの (2)　胸腹部臓器の機能に著しい障害を有し、常に介護を要するもの (3)　両眼が失明しているもの (4)　そしゃく及び言語の機能を廃しているもの (5)　両上肢をひじ関節以上で失ったもの (6)　両上肢の用を全廃しているもの (7)　両下肢をひざ関節以上で失ったもの (8)　両下肢の用を全廃しているもの (9)　前各号に定めるものと同程度以上の障害の状態にあるもの
第 2 級	同277日分	(1)　神経系統の機能又は精神に著しい障害を有し、随時介護を要するもの (2)　胸腹部臓器の機能に著しい障害を有し、随時介護を要するもの (3)　両眼の視力が0.02以下になっているもの (4)　両上肢を腕関節以上で失ったもの (5)　両下肢を足関節以上で失ったもの (6)　前各号に定めるものと同程度以上の障害の状態にあるもの
第 3 級	同245日分	(1)　神経系統の機能又は精神に著しい障害を有し、常に労務に服することができないもの (2)　胸腹部臓器の機能に著しい障害を有し、常に労務に服することができないもの (3)　一眼が失明し、他眼の視力が0.06以下になっているもの (4)　そしゃく又は言語の機能を廃しているもの (5)　両手の手指の全部を失ったもの (6)　第 1 号及び第 2 号に定めるもののほか常に労務に服することができないものその他前各号に定めるものと同程度以上の障害の状態にあるもの

（厚生労働省ホームページより）

労働保険審査

なぜ、労働基準監督署長の原処分が取り消されるべきかという理由を要領よく、具体的に書いてください。
この欄に書ききれない場合は、別の紙に書いてもかまいません。

労災保険審査官に取り消してもらいたい労働基準監督署長の原処分を具体的に書き、その取消しを求める旨を書いてください。

労働基準監督署長から保険給付の支給又は不支給等の「決定通知書」が送付された年月日を書いてください。

この審査原処分を行署長名を書く名まで書く

労働基準監督署長からの決定通知書に、審査請求に関する教示がある場合には、「有」を○で囲み、その内容を書いてください（審査請求書に添付してある別紙と同じ内容であれば、「別紙のとおり」と書き、別紙をこの審査請求書に添えて出してください。）。
もし、教示がない場合には、「無」を○で囲んでください。

審査請求の理由で述べた事実を証明するための資料であればその資料名を書いてください。
労災保険審査官に審理のための処分（関係者の事情聴取、鑑定等）を申し立てる場合は、処分の内容と申立ての趣旨及び理由を書いてください。

審査請求人の氏名を書いてください。代理人によって審査請求をするときは、代理人の氏名を書いてください。

八　原処分のあつたことを知つた年月日　平成・令和　〇年　六月　三日

九　審査請求の趣旨　△△労働基準監督署長が令和〇年六月二日付けで行った遺族補償給付及び葬祭料の不支給決定処分を取り消す旨の決定を求める。

十　審査請求の理由　山田太郎は、会社の用務のため自家用車を運転中に交通事故により死亡したものであり、業務上の災害であることは明らかである。したがって、業務を逸脱中に被災したため業務上の災害とは認められないとして行った△△労働基準監督署長の不支給決定処分は誤りである。

十一　原処分をした労働基準監督署長の教示の　有　無　内容　別紙のとおり

十二　証拠　会社の上司A、同僚B、Cの陳述書を添付する。

十三　法第八条第一項に規定する期間の経過後において審査請求をする場合においては、同項ただし書に規定する正当な理由　〔審理のための処分を必要とするときは、処分の内容並びにその処分を申し立てる趣旨及び理由〕

右のとおり審査請求をする。

令和　〇年　七月　一日

労働者災害補償保険審査官　殿

審査請求人氏名　山田　花子
（法人であるときは、名称及び代表者の氏名）
（代理人によるときは、代理人の氏名）

請求書の記載例

請求の対象となった労働基準監督...いてください。氏...必要はありません。

審査請求人が、保険給付の原因となった災害を被った労働者自身でないときは、審査請求人とその労働者との法律上の関係を、たとえば、「妻」や「長男」というように書いてください。
審査請求人が被災労働者自身である場合には、書く必要はありません。

審査請求人の住所及び氏名を書いてください。また、労災保険審査官と連絡の取れる連絡手段をご教示ください。もし、審査請求後に住所を変更した場合は、その時点で労災保険審査官にその旨申し出てください。

代理人によって審査請求をするときは、その住所及び氏名を書いてください。代理人を選任した場合は、委任状を添付してください。

この審査請求の対象となる支給又は不支給決定処分等（原処分）を受けた者の住所及び氏名を書いてください。
審査請求人と同一であるときは、「一に同じ」でかまいません。

原処分を受けた者が保険給付の原因となった負傷、疾病、死亡などの災害を被った労働者自身でないときは、その労働者の氏名を書いてください。
たとえば、夫の死亡により妻が遺族補償給付及び葬祭料の請求を行って、原処分を受けた場合には、夫の氏名を記入します。
原処分を受けた者が災害を被った労働者と同一である場合は、書く必要はありません。

被災した労働者が災害発生時使用されていた事業場（勤務先）の所在地と名称を書いてください。

様式第一号

労働保険審査請求書

一　審査請求人の
　　氏名　山田　花子
　　電話番号　〇二一〇四五六七八九〇
　　住所又は居所　〒一二三四ー五六七八　〇〇県〇〇市〇〇町四ー一二三

二　代理人によって審査請求をするときは
　審査請求人が法人であるときは
　　代表者の氏名
　　代表者の住所又は居所
　　名称
　　住所
　代理人の氏名
　住所又は居所

三　原処分を受けた者の
　　氏名又は名称　一に同じ
　　住所又は居所

四　原処分を受けた者が給付原因発生当時使用されていた事業場の
　　所在地　〇〇県××市××町六ー二ー一
　　名称　□□鉄工株式会社

五　原処分に係る労働者が原処分を受けた者以外の者であるときは、当該労働者の氏名　山田　太郎

六　審査請求人が原処分に係る労働者以外の者であるときは、当該労働者との関係　妻

七　原処分をした労働基準監督署長名　△△　労働基準監督署長

1 第三者行為災害について

> 「第三者行為災害」とは、労災保険給付の原因である災害が第三者（※）の行為などによって
> 生じたもので、労災保険の受給権者である被災労働者または遺族（以下「被災者等」といいま
> す。）に対して、第三者が損害賠償の義務を有しているものをいいます。

　第三者行為災害に該当する場合には、被災者等は第三者に対し損害賠償請求権を取得すると同時に、
労災保険に対しても給付請求権を取得することとなります。この場合、同一の事由について両者から
損害のてん補を受けることになれば、実際の損害額より多くが支払われ不合理です。また、本来被災
者等への損害のてん補は、政府によってではなく、災害の原因となった加害行為などに基づき損害賠
償責任を負う第三者が最終的には負担すべきものであると考えられます。
　このため、労働者災害補償保険法（以下「労災保険法」といいます。）第12条の4において、第三
者行為災害に関する労災保険給付と民事損害賠償との支給調整を次のように定めています。
　① 　先に政府が労災保険給付をしたときは、政府は、被災者等が第三者に対して有する損害賠償請
　　求権を労災保険給付の価額の限度で取得する（政府が取得した損害賠償請求権を行使することを
　　「求償」といいます）。
　② 　被災者等が第三者から先に損害賠償を受けたときは、政府は、その価額の限度で労災保険給付
　　をしないことができる（「控除」）。

> 　（※）「第三者」とは、当該災害に関する労災保険の保険関係の当事者（政府、事業主および
> 労災保険の受給権者）以外の者のことをいいます。

(参考)

　労災保険法第12条の4（第三者の行為による事故）
　① 　政府は、保険給付の原因である事故が第三者の行為によって生じた場合において、保険給
　　付をしたときは、その給付の価額の限度で、保険給付を受けた者が第三者に対して有する損
　　害賠償の請求権を取得する。
　② 　前項の場合において、保険給付を受けるべき者が当該第三者から同一の事由について損害
　　賠償を受けたときは、政府は、その価額の限度で保険給付をしないことができる。

労災補償と損害賠償との関係

1 労災保険給付を先に受けた場合［労災保険法第12条の4第1項］

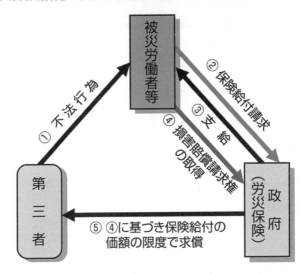

2 損害賠償を先に受けた場合［労災保険法第12条の4第2項］

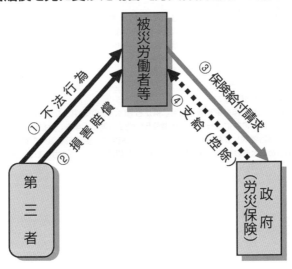

2 損害賠償責任について

第三者が被災者等に対して「損害賠償の義務があること」が第三者行為災害の要件となっています が、これは、民法などの規定により、第三者の側に民事的な損害賠償責任が発生した場合をいいます。

（1） 第三者行為災害となる主な場合

① 交通事故（自損事故の場合を除く）

② 他人から暴行を受けた場合

③ 他人が飼育・管理する動物により負傷した場合

（2） 損害賠償責任の発生根拠となる主な法条文（参考）

●民法

第709条［不法行為による損害賠償］

故意又は過失によって他人の権利又は法律上保護される利益を侵害した者は、これによっ て生じた損害を賠償する責任を負う。

第715条［使用者等の責任］

① ある事業のために他人を使用する者は、被用者がその事業の執行について第三者に加え た損害を賠償する責任を負う。ただし、使用者が被用者の選任及びその事業の監督につい て相当の注意をしたとき、又は相当の注意をしても損害が生ずべきであったときは、この 限りでない。

② 使用者に代わって事業を監督する者も、前項の責任を負う。

③ 前二項の規定は、使用者又は監督者から被用者に対する求償権の行使を妨げない。

第718条［動物の占有者等の責任］

① 動物の占有者は、その動物が他人に加えた損害を賠償する責任を負う。ただし、動物の 種類及び性質に従い相当の注意をもってその管理をしたときは、この限りでない。

② 占有者に代わって動物を管理する者も、前項の責任を負う。

●自動車損害賠償保障法

第3条［自動車損害賠償責任］

自己のために自動車を運行の用に供する者は、その運行によって他人の生命又は身体を害 したときは、これによって生じた損害を賠償する責に任ずる。ただし、自己及び運転者が自 動車の運行に関し注意を怠らなかったこと、被害者又は運転者以外の第三者に故意又は過失 があったこと並びに自動車に構造上の欠陥又は機能の障害がなかったことを証明したときは、 この限りでない。

●商法

第590条［運送人の責任］

　　　運送人は、旅客が運送のために受けた損害を賠償する責任を負う。ただし、運送人が運送
　に関し注意を怠らなかったことを証明したときは、この限りでない。

●製造物責任法

第３条［製造物責任］

　　　製造業者等は、その製造、加工、輸入又は前条第三項第二号若しくは第三号の氏名等の表
　示をした製造物であって、その引き渡したものの欠陥により他人の生命、身体又は財産を侵
　害したときは、これによって生じた損害を賠償する責めに任ずる。ただし、その損害が当該
　製造物についてのみ生じたときは、この限りでない。

3 第三者行為災害に関する提出書類

第三者行為災害による労災保険給付の請求に当たっては、以下の書類を提出する必要があります。

1 被災者が提出する書類

(1) 第三者行為災害届　　提出部数：１部

　被災者等が第三者行為災害について労災保険給付を受けようとする場合には、被災者の所属する事
業場を管轄する労働基準監督署に、「第三者行為災害届」を１部提出する必要があります。この届けは、
支給調整を適正に行うために必要なものですので、原則として労災保険給付に関する請求書に先立っ
て、または請求書と同時に提出してください。

　なお、正当な理由なく「第三者行為災害届」を提出しない場合には、労災保険給付が一時差し止め
られることがありますので、注意してください。

　記入に当たっては、記入例（P12～15）を参考にしてください。

(2) 第三者行為災害届に添付する書類　提出部数：各1部

「第三者行為災害届」には、下表に示す書類を添付してください。

なお、念書（兼同意書）および交通事故証明書（または交通事故発生届）以外の添付書類については、下記の添付書類一覧表の備考欄に該当する場合のみ必要となります。

「第三者行為災害届」提出時に添付する書類一覧表

添付書類名	交通事故による災害	交通事故以外による災害	備　考
念書（兼同意書）	○	○	
「交通事故証明書」または「交通事故発生届」	○	－	自動車安全運転センターの証明がもらえない場合は「交通事故発生届」
示談書の謄本	○	○	示談が行われた場合（写しでも可）
自賠責保険等の損害賠償金等支払証明書または保険金支払通知書	○	－	仮渡金または賠償金を受けている場合（写しでも可）
死体検案書または死亡診断書	○	○	死亡の場合（写しでも可）
戸籍謄本	○	○	死亡の場合（写しでも可）

これらの添付書類のうち、念書（兼同意書）および交通事故発生届を作成する際は、次の点に注意が必要です。記入例（P18〜19）を参考にしてください。

念書（兼同意書）

被災者等が、不用意に示談をすると、労災保険給付を受けられなくなったり、すでに受け取った労災保険給付を回収されるなど、思わぬ損失を被る場合があります。このようなことのないように念書（兼同意書）には注意事項が記載してありますので、内容をよく読み、その意味を十分に理解した上で提出してください。

また、念書（兼同意書）には、第三者行為災害における求償および控除に関すること（P8〜9参照）、自賠責保険等に対する請求権を有する場合で自賠責保険等による保険金支払いを先に受けることを希望した場合の取扱いに関すること（P10参照）、および個人情報の取り扱いに関しての同意についても記載しています。

なお、念書（兼同意書）は、労災保険給付を受ける本人が署名してください。

交通事故証明書

交通事故証明書は、自動車安全運転センターにおいて交付証明を受けたものを提出してください。

なお、警察署へ届け出ていないなどの理由により証明書の提出ができない場合には、「交通事故発生届（様式第3号）」を提出してください。

また、交通事故以外の災害で公的機関の証明書などが得られるときは、その証明書などを提出してください。

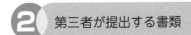

2 第三者が提出する書類　　提出部数：<u>1 部</u>

> 労災保険給付の原因となった災害を発生させた第三者は、「第三者行為災害報告書」を提出するよう、労働基準監督署から求められます。

　この「第三者行為災害報告書」は、第三者に関する事項、災害発生状況および損害賠償金の支払状況などを確認するために必要な書類ですので、提出を求められた場合には速やかに提出してください。
　記入例は、P16〜17のとおりです。

4 民事損害賠償と労災保険との調整方法

> 第三者行為災害における損害賠償と労災保険給付の支給調整方法については、「求償」と「控除」の2種類があります。

　なお、特別支給金（休業（補償）等給付と同時に支払われる休業特別支給金（給付基礎日額の20％相当額）など）については、支給調整は行われず、満額支給されます。

1 求償

> 「求償」とは、政府が労災保険給付と引き換えに被災者等が第三者に対して持っている損害賠償請求権を取得し、この権利を第三者（交通事故の場合は保険会社など）に直接行使することをいいます。

　第三者行為災害が発生した場合、労働者が業務または通勤中であれば労災保険給付の対象となりますが、労災保険給付はもともと人的損害のてん補を目的としているため、民事損害賠償と同様の性質を持っています。
　同時に、被災者等への損害のてん補は、政府によってではなく、災害の原因となった加害行為などに基づき損害賠償責任を負う第三者が最終的には行うべきものであると考えられます。
　これらのことから、労災保険給付が第三者の損害賠償より先に行われると第三者の行うべき損害賠償を結果的に政府が肩代わりした形となりますので、労災保険法第12条の4第1項の規定によって政府は労災保険給付に相当する額を第三者（交通事故の場合は保険会社など）に請求することになります。

【留意点】
　政府が第三者の加入する保険会社に求償を行った場合、損害額の調査のため、被災者等に対して、保険会社や自賠責損害調査事務所から書類の提出の依頼などがなされる場合がございます。この場合には、ご協力をいただくようにお願いいたします。なお、依頼内容にご不明な点がある場合には、労働局労災補償課の第三者行為災害事務担当者までお問合せください。

2 控除

> 「控除」とは、同一の事由（※）により第三者の損害賠償（自動車事故の場合は自賠責保険などの支払い）が労災保険給付より先に行われていた場合、政府は、その価額の限度で労災保険給付をしないことをいいます。

　同一の事由により、第三者から損害賠償を受け、さらに労災保険給付が行われると、損害が二重にてん補され、被災者等は実際の損害額よりも多くの支払いを受けることになります。損害賠償を先に受けた場合、労災保険給付については、同一の事由に相当する損害賠償額を差し引いて給付を行い、損害の二重てん補が生じないようにしています。

（※）同一の事由について
　　民事損害賠償として支払われる損害賠償金または保険金について、労災保険給付と支給調整される範囲は、労災保険給付と同一の事由のものに限られています。労災保険給付に対応する損害賠償項目については、下記のとおりとなっています。
　　なお、労災保険では被災者等に対して、保険給付のほか特別支給金も支給することとしていますが、特別支給金は保険給付ではなく社会復帰促進等事業として支給されるものですから、支給調整の対象とはなりません。

労災保険給付と損害賠償項目の対比表

労災保険給付	対応する損害賠償の損害項目
・療養補償給付 ・複数事業労働者療養給付 ・療養給付	治療費
・休業補償給付 ・複数事業労働者休業給付 ・休業給付	休業により喪失したため得ることができなくなった利益
・傷病補償年金 ・複数事業労働者傷病年金 ・傷病年金	同上
・障害補償給付 ・複数事業労働者障害給付 ・障害給付	身体障害により喪失または減少して得ることができなくなった利益
・介護補償給付 ・複数事業労働者介護給付 ・介護給付	介護費用
・遺族補償給付 ・複数事業労働者遺族給付 ・遺族給付	労働者の死亡により遺族が喪失して得ることができなくなった利益
・葬祭料 ・複数事業労働者葬祭給付 ・葬祭給付	葬祭費

　（注）「労災保険給付」欄の上段は業務災害、中段は複数業務要因災害、下段は通勤災害に対して支給される保険給付の名称です。
　　損害賠償のうち、被災者等の精神的苦痛に対する慰謝料および労災保険給付の対象外のもの（例えば自動車の修理費用、遺体捜索費、義肢、補聴器等）は、同一の事由によるものではないため、支給調整の対象とはなりません。

5 特に注意すべき事項

① 自賠責保険等に対する請求権を有する場合

自動車事故の場合、労災保険給付と自賠責保険等（自動車損害賠償責任保険または自動車損害賠償責任共済）による保険金支払いのどちらか一方を先に受けてください。どちらを先に受けるかについては、被災者等が自由に選べます。

自賠責保険等からの保険金を先に受けた場合（「自賠先行」）には、自賠責保険等から支払われた保険金（※）のうち、同一の事由によるものについては労災保険給付から控除されます。

したがって、労災保険と同一の事由の損害項目については、自賠責保険等からの支払が完了するまでの間は、労災保険の給付が行われないことがある点についてご注意ください。

また、労災保険給付を先に受けた場合（「労災先行」）には、同一の事由について自賠責保険等からの支払いを受けることはできません。

（例）　自賠先行を選択し、自賠責保険等に対して休業による逸失利益分について請求した方が、同時に労災保険に対しても休業（補償）等給付の請求を行った場合、これらの請求は同一の事由によるものなので、自賠責保険等から支払が行われたことを政府が確認するまでは、休業（補償）等給付は行われません。

自賠責保険等から休業による逸失利益分について支払が行われたことを確認した場合は、その支払額を控除して、さらに保険給付すべき金額がある場合のみ、休業（補償）等給付が行われます。

なお、自賠先行から労災先行への取扱い変更を希望される場合には、必ず労働基準監督署及び自賠責保険等取扱会社の担当者に対して、その旨の連絡を行ってください。

自賠責保険等は、仮渡金制度があり、労災保険給付より支払いの幅が広く、例えば労災保険では給付が行われない慰謝料などが支払われ、療養費の対象が労災保険より幅広くなっています。また、休業損害が原則として100％支給されます。〔労災保険では80％（休業（補償）等給付60％＋休業特別支給金20％）〕

なお、自賠先行の場合に、引き続いていわゆる「任意保険」（自動車保険または自動車共済）による保険金支払いを受けるか、または労災保険給付を先に受けるかについても、同様に被災者等が自由に選べます。

（※）　自賠責保険等の保険金額の上限は死亡による損害の場合3,000万円、傷害による損害の場合120万円となっており、このほか後遺障害による損害については等級に応じて最高3,000万円まで（介護を要する場合は最高4,000万円まで）支払われることになっています。

なお、重過失（被災者側の過失割合が70〜100％未満のとき）の場合を除き、保険金減額は行わないことになっています。

示談とは、当事者同士が損害賠償額について双方の合意に基づいて早期に解決するため、話し合いにより互いに譲歩し、互いに納得し得る損害賠償額に折り合うために行われるものです。

示談を行う前には、必ず労働局又は労働基準監督署にご連絡いただくとともに、示談を行ったときは、速やかに労働局または労働基準監督署に示談書の写しを提出してください。

被災者等と第三者との間で、被災者等が受け取る全ての損害賠償についての示談(いわゆる全部示談)が、真正に(錯誤や強迫などではなく両当事者の真意によること)成立し、被災者等が示談内容以外の損害賠償の請求権を放棄した場合、政府は、原則として示談成立以後の労災保険給付を行わないこととなっています。

(例)　当事者間で「〇〇万円の損害額を受け取った後は、以後の全ての損害についての請求権を放棄する」旨の示談が真正に成立している状況において、被災者等が、「その示談の効力発生日(損害賠償請求権を放棄する日)以後の療養や休業」に関して労災保険給付の請求を行ったとしても、真正な全部示談が成立し、被災者は損害賠償請求権を放棄済みのため、労災保険からは原則として給付を行いませんので注意してください。

なお、「すでに労災保険給付が行われている期間より前の日」を示談の効力発生日とする真正な示談を結んだ場合、本来労災保険給付すべきでない期間について保険給付をしている状況が生じることとなるため、当該給付分については回収されることがあり得ますので、ご注意ください。

したがって、このような状況に陥ることを避けるためには、示談を行う前に必ず労働局又は労働基準監督署に連絡いただくとともに、示談を行う際には、示談内容が、労災保険給付を含む全損害の填補を目的とするものであるか否かを、示談の相手方に対して明確に意思表示していただき、さらに、もし、示談内容とは別に、例えば、治療費や休業損害に関する部分について、示談締結後に別途労災保険に請求する予定である場合は、その内容を示談書に明示することをお勧めします。

6 派遣労働者に係る第三者行為災害

派遣労働者に発生した労働災害で、第三者の直接の加害行為がない場合でも、以下の①・②の両方に該当する場合は、派遣先事業主を第三者とする第三者行為災害として取り扱われます。

①　派遣労働者の被った災害について、派遣先事業主の安全衛生法令違反が認められる場合

②　上記①の安全衛生法令違反が、災害の直接原因となったと認められる場合

このため、労働基準監督署から提出を求められた場合は、第三者行為災害届など必要な書類の提出をお願いします。

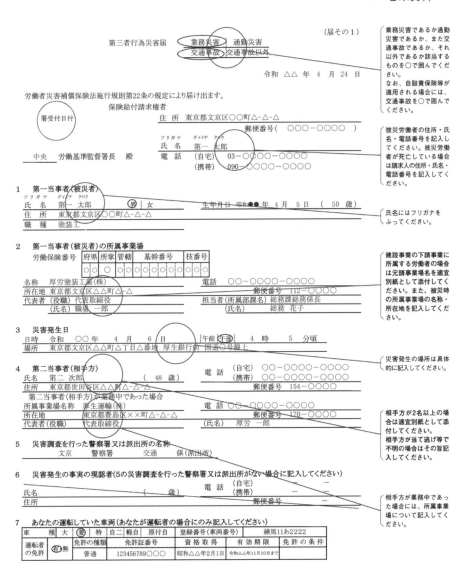

第三者行為災害届　業務災害　通勤災害　交通事故　交通事故以外　（届その1）

令和 △△ 年 4 月 24 日

業務災害であるか通勤災害であるか、また交通事故であるか、それ以外であるか該当するものを〇で囲んでください。
なお、自賠責保険等が適用されている場合は、交通事故を〇で囲んでください。

労働者災害補償保険法施行規則第22条の規定により届け出ます。

保険給付請求権者

署受付日付

住所　東京都文京区〇〇町△-△-△
郵便番号（　〇〇〇-〇〇〇〇　）

フリガナ　ダイイチ　タロウ
氏名　第一　太郎

中央　労働基準監督署長　殿　電話（自宅）03-〇〇〇〇-〇〇〇〇
（携帯）090-〇〇〇〇-〇〇〇〇

被災労働者の住所・氏名・電話番号を記入してください。被災労働者が死亡している場合は請求人の住所・氏名・電話番号を記入してください。

1　第一当事者（被災者）
フリガナ　ダイチ　タロウ
氏名　第一　太郎　男・女　生年月日 昭和●●年 4 月 5 日 （50歳）
住所　東京都文京区〇〇町△-△-△
職種　塗装工

氏名にはフリガナをふってください。

2　第一当事者（被災者）の所属事業場
労働保険番号　府県 所掌 管轄 基幹番号 枝番号

名称　厚労塗装工業(株)　電話〇〇-〇〇〇〇-〇〇〇〇
所在地　東京都文京区△△町△-△　郵便番号 112-〇〇〇〇
代表者（役職）代表取締役　担当者(所属部課名)総務課総務係長
（氏名）職場 一郎　（氏名）総務 花子

建設事業の下請事業に所属する労働者の場合は元請事業場名を適宜別紙として添付してください。また、被災時の所属事業場の名称・所在地を記入してください。

3　災害発生日
日時　令和 〇〇 年 4 月 6 日　午前・午後 4 時 5 分頃
場所　東京都文京区△△町△丁目△番地　厚生銀行前　国道〇号線上

災害発生の場所は具体的に記入してください。

4　第二当事者（相手方）
氏名　第二 次郎　（48歳）　電話（自宅）〇〇-〇〇〇〇-〇〇〇〇
住所　東京都世田谷区△△町△-△-△　（携帯）〇〇-〇〇〇〇-〇〇〇〇
郵便番号 154-〇〇〇〇
第二当事者（相手方）が業務中であった場合
所属事業場名称　厚生運輸(株)　電話〇〇-〇〇〇〇-〇〇〇〇
所在地　東京都豊島区××町△-△-△　郵便番号 170-〇〇〇〇
代表者（役職）代表取締役　（氏名）厚労 一郎

相手方が2名以上の場合は適宜別紙として添付してください。
相手方が当て逃げ等で不明の場合はその旨記入してください。

5　災害調査を行った警察署又は派出所の名称
文京　警察署　交通 係(派出所)

6　災害発生の事実の現認者（5の災害調査を行った警察署又は派出所がない場合に記入してください）
氏名　（　歳）　電話（自宅）　-　-
住所　（携帯）　郵便番号　-

相手方が業務中であった場合には、所属事業場について記入してください。

7　あなたの運転していた車両（あなたが運転者の場合にのみ記入してください）

車種	大・中・特・自二・軽自・原付自		登録番号(車両番号)	練馬11あ2222	
運転者の免許 有・無	免許の種類	免許証番号	資格取得	有効期限	免許の条件
	普通	123456789〇〇〇	昭和△△年2月1日	令和△△年11月10日まで	

※記入に当たっては、欄外の説明及び15ページの留意事項をご確認ください。
　交通事故以外の災害では、届その2など記入不要の欄もあります。なお、使用しない欄は空欄とせずに斜線を引いてください。

8　事故現場の状況
天　候　　晴　(曇)　小雨　雨　小雪　雪　暴風雨　霧　濃霧
見　透　し　(良い)　悪い　(障害物；　　　　　　　　　　　　があった。)
道路の状況　（あなた（被災者）が運転者であった場合に記入してください。）
　　　　　道路の幅（　　　）m、　(舗装)　非舗装　坂（↑上り　(下り)　(緩)　急　）
　　　　　でこぼこ　砂利道　道路欠損　工事中　凍結　その他（　　　　　　　　　　　）
　　　　　（あなた（被災者）が歩行者であった場合に記入してください。）
　　　　　歩車道の区別が（ある　ない　）道路　車の交通頻繁な道路　住宅地　商店街の道路
　　　　　歩行者用路が（車の通行：許　否　）、その他の道路（　　　　　　　　　　）
標　識　速度制限（　40　km/h）　追い越し禁止　(一方通行)　歩行者横断禁止
　　　　　一時停止（　有　(無)　停止線（　(有)　無　）
信号機　無　(有)（　　　色で交差点に入った。）信号機時外（黄点滅　赤点滅　）
　　　　　横断歩道上の信号機（　有　無　）
交通量　　多い　少ない　(中位)

9　事故当時の行為、心身の状況及び車両の状況
心身の状況　(正常)　いねむり　疲労　わき見　病気（　　　　　　　　　　　）　飲酒
あなたの行為　（あなた（被災者）が運転者であった場合に記入してください。）
　　　　　直前に警笛を　鳴らした(鳴らさない)　相手を発見したのは（　　　　）m手前
　　　　　ブレーキを　かけた（スリップ；　　　　　m）(かけない)　方向指示灯　だした(ださない)
　　　　　停止線で一時停止　(した)　しない　速度は約　　　　km/h　相手は約　　　　km/h
　　　　　（あなた（被災者）が歩行者であった場合に記入してください。）
　　　　　横断中の場合　横断場所（　　　　　）、信号機（　　　色で横断歩道に入った。
　　　　　　　　　　　　　左右の安全確認：した　しない　車の直前・直後を横断：した　しない
　　　　　通行中の場合　通行場所：　歩道　車道　歩車道の区別がない道路
　　　　　　　　　　　　　通行のしかた：　車と同方向　対面方向

10　第二当事者（相手方）の自賠責保険（共済）及び任意の対人賠償保険（共済）に関すること
（1）自賠責保険（共済）について
証明書番号　第　　　S492931050　　　号
保険（共済）契約者（氏名）厚生運輸（株）　　　第二当事者（相手方）と契約者との関係　従業員
　　　　　　　　　　（住所）東京都豊島区××町△－△－△
保険会社の管轄店名　○○火災海上（株）後楽支社　　　電話　○○－○○○○－○○○○
管轄店所在地　東京都文京区△△通△－△－△　　　　郵便番号　172－○○○○

（2）任意の対人賠償保険（共済）について
証券番号　第　　　3203232032　　　号　　　保険金額　対人　　無制限　　万円
保険（共済）契約者（氏名）厚生運輸（株）　　　第二当事者（相手方）と契約者との関係　従業員
　　　　　　　　　　（住所）東京都豊島区××町△－△－△
保険会社の管轄店名　○○火災海上（株）後楽支社　　　電話　○○－○○○○－○○○○
管轄店所在地　東京都文京区△△通△－△－△　　　　郵便番号　172－○○○○

（3）保険金（損害賠償額）請求の有無　　　有　(無)
　　有の場合の請求方法　イ　自賠責保険（共済）単独
　　　　　　　　　　　　ロ　自賠責保険（共済）と任意の対人賠償保険（共済）との一括
　　保険金（損害賠償額）の支払を受けている場合は、受けた者の氏名、金額及びその年月日
　　氏名　　　　　　　金額　　　　　　　円　受領年月日　　　年　　　月　　　日

11　運行供用者が第二当事者（相手方）以外の場合の運行供用者
名称（氏名）　厚生運輸（株）　　　　　　　　　　電話　○○－○○○○－○○○○
所在地（住所）東京都豊島区××町△－△－△　　郵便番号　170－○○○○

12　あなた（被災者）の人身傷害補償保険に関すること
人身傷害補償保険に　加入している　(していない)
　証券番号　第　　　　号　　保険金額　　　　　万円
保険（共済）契約者（氏名）　　　　　　　あなた（被災者）と契約者との関係
　　　　　　　　　　（住所）
保険会社の管轄店名　　　　　　　　　　電話　　　－　　　－
管轄店所在地　　　　　　　　　　　　　郵便番号　　　－
人身傷害補償保険金の請求の有無　　　有　無
人身傷害補償保険の支払を受けている場合は、受けた者の氏名、金額及びその年月日
氏名　　　　　　　金額　　　　　　　円　受領年月日　　　年　　　月　　　日
　　　　　（※）交通事故以外の災害の場合は「届その2」を提出する必要はありません。

（右注記）
交通事故以外の場合には届その2を提出する必要はありませんが、交通事故の場合にわかる範囲で詳しく記入してください。

相手方の車両について自賠責保険（共済）、任意保険（共済）の内容を記入してください。加入のない場合は「加入なし」と記入してください。

運行供用者とは自己のために自動車の運行をさせる者をいいますが、一般的には自動車の所有者や運転者の使用者がこれに当たります。

13 災害発生状況
第一当事者(被災者)・第二当事者(相手方)の行動、
災害発生原因と状況をわかりやすく記入してください。

△△△にある作業現場で業務を終えて、水道橋にある会社に翌日の作業打合せのため戻る途中、国道〇号線と国道△号線の交差点の信号が赤に変わったため停止していたところ、後方から加害者(第二氏)運転の車が私の車にぶつかってきました。このため私は、頭部を強く打ち、負傷しました。

(届その3)

14 現場見取図
道路方向の地名(至〇〇方面)、道路幅、信号、横断歩道、
区画線、道路標識、接触点等くわしく記入してください。

(届その4に記載しました)

どのような目的でどこへ行く時に、どのようにして事故が発生したか事故に至るまでの経緯、行動などを詳しく記入してください。

書ききれないときは届その4に記入してください。

表	示	符	号		
自 車	🔺	横断禁止	📵	信 号 (※赤、黄、青を 表示すること)	横断歩道 📶
相手車	⬜	人 間	🚶		接 触 点 ✕
進行方向		自転車 オートバイ	🏍	一 時 停 止	

15 過失割合
私の過失割合は　0　%、相手の過失割合は　100　%だと思います。

理由　信号が赤に変わっているにもかかわらず、わき見運転していた相手方が停止しなかったため。

事故の状況から判断して過失割合についてのあなたの考えを記入してください。

16 示談について
イ　示談が成立した。(　　年　月　日)　ロ　交渉中
ハ　示談はしない。　　　　　　　　　　ニ　示談をする予定
ホ　裁判の見込み(　　年　月　日頃提訴予定)　(　　年　月　日頃予定)

示談に当たっては、事前に労働基準監督署に相談してください。
また、示談をした場合には示談書の写しを必ず労働基準監督署に提出してください。

17 身体損傷及び診療機関

	私(被災者)側	相手側(わかっていることだけ記入してください。)
部位・傷病名	頸椎捻挫	身体損傷なし
程　　　度	全治1ヵ月(入院加療4日間)	
診療機関名称	医療法人〇〇病院	
所　在　地	東京都文京区〇〇町△-△-△	

あなたと相手方の負傷、損害についてわかる範囲で記入してください。転医した場合は転医前後の両診療機関を記入してください。

18 損害賠償金の受領

受領年月日	支払者	金額・品目	名目	受領年月日	支払者	金額・品目	名目
受領なし							

相手方から損害賠償を受けた場合は、その内容について記入してください。受領していない場合には「受領なし」と記入してください。

事業主の証明	1欄の者については、2欄から6欄、13欄及び14欄に記載したとおりであることを証明します。 　令和〇〇年　4月21日 　　　　事業場の名称　厚労塗装工業(株) 　　　　事業主の氏名　代表取締役　職場　一郎 　　　　　　　　　　　(法人の場合は代表者の役職・氏名) 　　　　　　　　　(※)通勤災害の場合には事業主の証明は必要ありません。

業務災害の場合には、被災時の所属事業場の事業主の証明が必要となります。通勤災害の場合には、証明の必要はありません。

第三者行為災害届を記載するに当たっての留意事項

1 　災害発生後、すみやかに提出してください。
　　なお、不明な事項がある場合には、空欄とし、提出時に申し出てください。
2 　業務災害・通勤災害及び交通事故・交通事故以外のいずれか該当するものに○をしてください。
　　なお、例えば構内における移動式クレーンによる事故のような場合には交通事故に含まれます。
3 　通勤災害の場合には、事業主の証明は必要ありません。
4 　第一当事者(被災者)とは、労災保険給付を受ける原因となった業務災害又は通勤災害を被った者をいい
　　ます。
5 　災害発生の場所は、○○町○丁目○○番地○○ストア前歩道のように具体的に記入してください。
6 　第二当事者(相手方)が業務中であった場合には、「届その１」の４欄に記入してください。
7 　第二当事者(相手方)側と示談を行う場合には、あらかじめ所轄労働基準監督署に必ず御相談ください。
　　示談の内容によっては、保険給付を受けられない場合があります。
8 　交通事故以外の災害の場合には「届その２」を提出する必要はありません。
9 　運行供用者とは、自己のために自動車の運行をさせる者をいいますが、一般的には自動車の所有者及び使
　　用者等がこれに当たります。
10 　「現場見取図」について、作業場における事故等で欄が不足し書ききれない場合にはこの用紙の下記記載
　　欄を使用し、この「届その４」もあわせて提出してください。
11 　損害賠償金を受領した場合には、第二当事者(相手方)又は保険会社等からを問わずすべて記入して
　　ください。
12 　この届用紙に書ききれない場合には、適宜別紙に記載してあわせて提出してください。

現 場 見 取 図

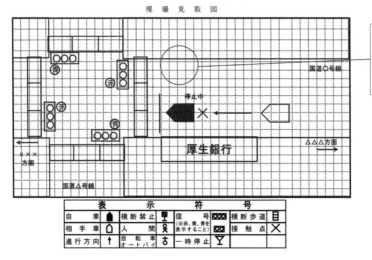

(報告書その1)

第三者行為災害報告書（調査書）

1 あなたの氏名、住所及び職業等

<table>
<tr><td>フリガナ</td><td colspan="3">ダイニ ジロウ</td></tr>
<tr><td>氏 名</td><td>第二 次郎</td><td>⊕ 女</td><td>生年月日 昭和△△年 5月 21日 （ 48 歳）</td></tr>
<tr><td>住所</td><td colspan="3">東京都世田谷区△△町△-△-△　郵便番号 154-〇〇〇〇</td></tr>
<tr><td>電話(自宅)</td><td colspan="3">〇〇〇-〇〇〇〇-〇〇〇〇　(携帯) 090-〇〇〇〇-〇〇〇〇</td></tr>
<tr><td>職業 会社員</td><td colspan="3">勤務先 厚生運輸(株)</td></tr>
<tr><td>所在地</td><td colspan="3">東京都豊島区××町△-△-△　郵便番号 170-〇〇〇〇</td></tr>
<tr><td>電話</td><td colspan="3">03-〇〇〇〇-〇〇〇〇　代表者(役職)代表取締役 (氏名)厚労 一郎</td></tr>
</table>

あなたが会社等に勤めている会社等はその勤務先についても記入してください。

2 事故発生年月日、場所及びその時の用務

日時	令和〇〇年 4月 8日 午前 ⊕後 時 分頃
場所	東京都文京区△△町△丁目△番地 厚生銀行前 国道〇号線上
事故発生時の用務	⊕務中 通勤途上 私用
内容	取引先の会社を商談のため訪ね、用務終了後自分の会社に戻る途中であった。

業務中だった場合は、その用務の内容を記入してください。

3 事故発生状況(あなた・相手方の行動・災害発生原因と状況をわかりやすく記入してください。)

私は〇〇市内にある(株)AB商会と商談を行った後、国道〇号線を走行していた。
国道△号線との交差点に差しかかったとき、赤信号に気づいたのでブレーキをかけたが間に合わなかった。

どのような目的でどこへ行く時にどのようにして事故が発生したか事故に至るまでの経緯、行動などを詳しく記入してください。

4 現場見取図
道路方向の地名(至〇〇方面)、道路幅、信号、横断歩道、区画線、道路標識、接触点等くわしく表示してください。

表 示 符 号						
自 車	🏠	横断禁止		信号 (国道、私道、歩行者別に表示すること)	⊠	横断歩道
相 手 車	△	人 間				接 触 点 ✕
進行方向	↑	自転車 オートバイ		一 時 停 止		

5 事故現場の状況(あなたが運転者の場合にのみ記入してください。)

天 候	晴 ⊕ 小雨 雨 小雪 雪 暴風雨 霧 濃霧
見 透 し	⊕ 悪い (障害物: があった。)
道路の状況	道路の幅 (16)m、 ⊕装 非舗装 坂 (上り ⊕り) ⊕ 急
	でこぼこ 砂利道 道路欠損 工事中 その他 ( )
標 識	速度制限 (40)km/h 追い越し禁止 一時停止 駐車禁止
信 号 機	無 ⊕ (色で交差点に入った) 信号機時間外 黄色点滅 赤点滅
交 通 量	多い 少ない ⊕位

6 事故当時のあなたの行為、心身の状況及び車両の状況(あなたが運転者の場合にのみ記入してください。)

心身の状況	⊕常 いねむり 疲労 わき見 病気( ) 飲酒
あなたの行為	交差点における運行状況(信号機の場合( )色で交差点に入った。)
	直前に警笛を …… 鳴らした ⊕らさない 相手を発見したのは ( )m手前
	ブレーキを … ⊕けた スリップ:(m) 方向指示灯 …… だした ださない
	速度は ……… 約 ( )km/h 相手は約 ( )km/h
車両の状況	⊕常 ブレーキ故障 ハンドル装置故障 無灯火 灯火不備
	タイヤ破損 その他 ( )

7 災害調査を行った警察署又は派出所の名称 文京 警察署 交通 係 (派出所)

8 災害発生の事実の現認者

氏名	電話
住所	郵便番号 －

※記入に当たっては、欄外の説明をご確認ください。

　交通事故以外の災害では、記入不要の欄もあります。なお、使用しない欄は空欄とせずに斜線を引いてください。

9 あなたの自賠責保険（共済）及び任意保険（共済）に関すること（あなたが運転者の場合にのみ記入してください。）

<table>
<tr><td rowspan="4">自賠責</td><td>保険（共済）加入の有無</td><td colspan="2">有 ・ 無</td><td>保険（共済）金請求の有無</td><td colspan="2">有 ・ 無</td></tr>
<tr><td>保険会社（農協）名称</td><td colspan="2">○○火災海上（株）後楽支社</td><td>所在地</td><td colspan="2">東京都文京区△△通△-△-△</td></tr>
<tr><td>証明書番号</td><td colspan="2">S○○○○○○○○</td><td>期間</td><td colspan="2">平成△△年○月○日～令和△△年●月●日</td></tr>
<tr><td>契約者氏名</td><td colspan="2">厚生運輸（株）</td><td>保有者氏名 （株）B商店</td><td>契約者との関係</td><td>本人</td></tr>
<tr><td rowspan="3">任意</td><td>保険（共済）加入の有無</td><td colspan="2">有 ・ 無</td><td>保険（共済）金請求の有無</td><td colspan="2">有 ・ 無</td></tr>
<tr><td>保険会社（農協）名称</td><td colspan="2">○○火災海上（株）後楽支社</td><td>所在地</td><td colspan="2">東京都大田区蒲田○-○-○</td></tr>
<tr><td>証券番号</td><td colspan="2">○○○○○○○○○</td><td>期間</td><td colspan="2">平成△△年○月○日～令和△△年●月●日</td></tr>
<tr><td></td><td>保険（共済）金額</td><td>対人</td><td>無制限</td><td>万円</td><td>契約者氏名</td><td>厚生運輸（株）</td></tr>
</table>

あなたが運転していた車両にかかる保険について詳しく記入してください。

10 あなたの運転していた車両（あなたが運転者の場合にのみ記入してください。）

<table>
<tr><td>車 種</td><td colspan="2">大 普 特 自二 軽自 原付自</td><td colspan="2">登録番号（車両番号）</td><td colspan="2">品川500 か ○○○○</td></tr>
<tr><td rowspan="2">運転者の免許</td><td rowspan="2">有 無</td><td>免許の種類</td><td>免許証番号</td><td>資格取得</td><td>有効期限</td><td>免許の条件</td></tr>
<tr><td>普通</td><td>○○○○○○○○○○○</td><td>昭和△△年2月28日</td><td>令和△△年6月21日まで</td><td></td></tr>
</table>

11 身体損傷及び診療機関

あなた側
部位・傷病名
程度
診療機関名称
所在地

相手側（わかっていることだけ記入してください。）
部位・傷病名 頸椎ねんざ
程度 全治1か月
診療機関名称 ○○病院
所在地 東京都文京区

相手方の負傷についてわかる範囲で記入してください。

12 過失割合

私の過失割合は 80 ％、 相手の過失割合は 20 ％だと思います。
（理由）
赤信号に気づいてブレーキをかけたが間に合わなかった。

事故の状況から判断して、過失割合についてのあなたの考えを記入してください。

13 示談について

成立した 交渉中 示談はしない 示談をする予定（ ○○年 7月 末日頃の予定） 裁判の見込み（ 年 月 日頃提訴予定）

14 損害賠償金の支払い

<table>
<tr><td>年</td><td>月</td><td>日</td><td>金額又は品目</td><td>名 目</td><td>年</td><td>月</td><td>日</td><td>金額又は品目</td><td>名 目</td></tr>
<tr><td></td><td></td><td></td><td></td><td></td><td></td><td></td><td></td><td></td><td></td></tr>
</table>

相手方に対して損害賠償の支払いがある場合はその内容も記入してください。

上記の記載内容は事実と相違ありません。　　　　　　　　　　令和 ○○年 4月 10日

中央 労働基準監督署長 殿

※調査者氏名

報告人氏名 第二 次郎
事業所所在地 豊島区××町△-△-△

代表者職氏名 代表取締役 厚労 一郎
あなたが業務中にのみ代表者の証明を受けてください。

業務中であった場合は必ず事業主の証明を受けてください。

【記載上の注意点】
1. 事項を選択する場合は該当する事項を○で囲んでください。
2. 2欄の事故発生場所は、○○町○○丁目○○番地○○ストア前歩道のように具体的に記入してください。
3. 8欄は、警察へ届け出ていない等で事故調査が行われていない場合に、事故の発生状況のわかる人を記入してください。
4. 12欄は、あなたの判断に基づいて記入してください。また、その判断の理由についても記入してください。
5. 14欄は、治療費、慰謝料、休業逸失利益、葬儀費等名目ごとに記入してください。

様式第1号

念　書　（　兼　同　意　書　）

災害発生年月日	令和 ○○ 年 4 月 6 日	災害発生場所	文京区△△町△丁目△番地 厚生銀行前国道○号線上
第一当事者(被災者)氏名	第一　太郎	第二当事者(相手方)氏名	第二　次郎

1 上記災害に関して、労災保険給付を請求するに当たり以下の事項を遵守することを誓約します。
  (1) 相手方と示談や和解（裁判上・外の両方を含む。以下同じ。）を行おうとする場合は必ず前もって貴職に連絡します。
  (2) 相手方に白紙委任状を渡しません。
  (3) 相手方から金品を受けたときは、受領の年月日、内容、金額（評価額）を漏れなく、かつ遅滞なく貴職に連絡します。

2 上記災害に関して、私が相手方と行った示談や和解の内容によっては、労災保険給付を受けられない場合や、受領した労災保険給付の返納を求められる場合があることについては承知しました。

3 上記災害に関して、私が労災保険給付を受けた場合には、私の有する損害賠償請求権及び保険会社等（相手方もしくは私が損害賠償請求できる者が加入する自動車保険・自賠責保険会社（共済）等をいう。以下同じ。）に対する被害者請求権を、政府が労災保険給付の価額の限度で取得し、損害賠償金を受領することについては承知しました。

4 上記災害に関して、相手方、又は相手方が加入している保険会社等から、労災保険に先立ち、労災保険と同一の事由に基づく損害賠償金の支払を受けている場合、労災保険が給付すべき額から、私が受領した損害賠償金の額を差し引いて、更に労災保険より給付すべき額がある場合のみ、労災保険が給付されることについて、承知しました。

5 上記災害に関して、私が労災保険の請求と相手方が加入している自賠責保険又は自賠責共済（以下「自賠責保険等」という。）に対する被害者請求の両方を行い、かつ、労災保険に先行して労災保険と同一の事由の損害項目について、自賠責保険等からの支払を希望する旨の意思表示を行った場合の取扱いにつき、以下の事項に同意します。
  (1) 労災保険と同一の事由の損害項目について、自賠責保険等からの支払が完了するまでの間は、労災保険の支給が行われないこと。
  (2) 自賠責保険等からの支払に時間を要する等の事情が生じたことから、自賠責保険等からの支払に先行して労災保険の給付を希望する場合には、必ず貴職及び自賠責保険等の担当者に対してその旨の連絡を行うこと。

6 上記災害に関して、私の個人情報及びこの念書（兼同意書）の取扱いにつき、以下の事項に同意します。
  (1) 貴職が、私の労災保険の請求、決定及び給付（その見込みを含む。）の状況等について、私が保険金請求権を有する人身傷害補償保険取扱会社に対して提供すること。
  (2) 貴職が、私の労災保険の給付及び上記3の業務に関して必要な事項（保険会社等から受けた金品の有無及びその金額・内訳（その見込みを含む。）等）について、保険会社等から提供を受けること。
  (3) 貴職が、私の労災保険の給付及び上記3の業務に関して必要な事項（保険給付額の算出基礎となる資料等）について、保険会社等に対して提供すること。
  (4) この念書（兼同意書）をもって(2)に掲げる事項に対応する保険会社等への同意を含むこと。
  (5) この念書（兼同意書）を保険会社等へ提示すること。

令和 ○○ 年 4 月 24 日

　中央　　労働基準監督署長 殿

請求権者の住所　＿＿＿＿＿文京区○○町△-△-△＿＿＿＿＿

氏名　＿＿＿＿＿第一　太郎＿＿＿＿＿
（ ※ 請求権者の氏名は請求権者が自署してください。）

交通事故発生届 （「交通事故証明書」が得られない場合）

当事者	①第一当事者 （被災者）	氏　名	労　働　太　郎				（　37　）歳
		住　所	東京都大田区下丸子〇〇〇			TEL	03（〇〇〇〇）〇〇〇〇
		車両登録番号	品川400 あ 〇〇〇〇	自賠責保険証明書番号			Y〇〇〇〇〇〇〇
	②第二当事者 （相手方）	氏　名	厚　生　次　郎				（　30　）歳
		住　所	東京都世田谷区奥沢〇－〇－〇			TEL	03（〇〇〇〇）〇〇〇〇
		車両登録番号	品川500 か 〇〇〇〇	自賠責保険証明書番号			S〇〇〇〇〇〇〇
③ 事故発生日時			令和 △△年 7月 29日		午前 午後	3 時	00分
④ 事故発生場所			渋谷区〇〇町△－△ （株）〇〇運輸敷地内				
⑤ 災害発生状況			（株）〇〇運輸の敷地内（構内）において、駐車場から事務所へ歩いている際、右折してきた加害者の自動車に左足をひかれ、左足親指を骨折した。				
⑥ 「交通事故証明書」が得られない理由			・構内においてぶつかったため、交通事故ではないと思い、交通事故証明の申請を行わなかったため。 ・被災時には痛みがなく、交通事故証明書を申請する必要がないと思ったため。				
⑦第一当事者 （被災者）			上記⑥の理由により、「交通事故証明書」は提出できませんが、事故発生の事実は上記①～⑤に記載したとおりです。 　　令和 △△年 8 月 1 日 　　　　　　　　　氏名　労働　太郎 　　　　　　　　　住所　東京都大田区下丸子〇〇〇				
⑧目撃者			上記①～⑤に記載された事故を目撃したことを証明します。 　　令和　　　年　　　月　　　日 　　　　　　　氏名　目撃者はなし　　　　　　TEL　（　　　） 　　　　　　　住所				
⑨第二当事者 （相手方）			上記①～⑤に記載された事故により①の者に損害を与えたことを自認します。 　　令和 △△年 8 月 1 日 　　　　　　　氏名　厚生　次郎　　　　　　TEL 03（〇〇〇〇）〇〇〇〇 　　　　　　　住所　東京都世田谷区奥沢〇－〇－〇 　　　　　　　事業場の名称　（株）〇〇運輸 　　　　　　　代表者職氏名　代表取締役　会社　守				

右欄の注記：
- 災害発生の場所は具体的に記入してください。
- 「交通事故証明書」が得られない理由を必ず記入してください。
- 目撃者がいない場合にはその旨記入してください。
- 目撃者がいない場合には、相手方に記入を求めてください。また、相手方が業務中であった場合は、事業主の証明を受けてください。

　　令和 △△ 年 8 月 1 日

　　中央　労働基準監督署長 殿

　　　　　　　届出人　氏名　労働　太　郎
　　　　　　　　　　　住所　東京都大田区下丸子〇〇〇

[注意]

1. 警察署への届出をしなかった等のために「交通事故証明書」の提出ができない場合に提出してください。

2. ①及び②の「車両登録番号」及び「自賠責保険証明書番号」の欄には、交通事故発生時において、被災者又は第三者が乗車していた車両に関する事項を記載してください。

3. ⑨の「事業場の名称」及び「代表者職氏名」の欄には、⑨の第三者が業務中であった場合のみ⑨の第三者の代表者の証明を受けてください。

参考文献

「労災保険法解釈総覧」 厚生労働省労働基準局編 （労務行政）

「労災保険給付の手続き」 公益社団法人東京労働基準協会連合会編
（労働調査会）

「労災補償法詳説」 井上浩著 （経営書院）

「労働者災害補償保険法」－労働法コンメンタール５－厚生労働省
労働基準局労災補償部労災管理課編 （労務行政）

厚生労働省ホームページ

著者略歴

高橋　健（たかはし　たけし）

昭和48年労働省（現厚生労働省）入省、厚生労働事務官として労働本省、都道府県労働局、労働基準監督署に勤務。平成21年3月退職。

（最終官職：東京労働局労働基準部労災補償課地方労災補償監察官）

平成23年たかはし社会保険労務士事務所開業。

労災認定現場での実務経験を生かし、労災全般に関する各種相談業務、セミナー講師、専門誌寄稿などを中心に活動中。

著書：「改訂版 職場のうつと労災認定の仕組み」（日本法令）

　　　「労災保険の審査請求事例と解説」（日本法令）

　　　「労災保険実務標準ハンドブック」（日本法令）

　　　「労災認定の考え方と申請のポイント」（労働新聞社）

専門誌寄稿：「ビジネスガイド」（日本法令）

　　　　　　「労務事情」（産労総合研究所）

　　　　　　「安全スタッフ」（労働新聞社）

●たかはし社会保険労務士事務所

　URL　http://www.takahashi-jimusyo.jp/

3訂版

元厚生労働事務官が解説する
労災保険実務講座

平成26年1月20日　初版発行
令和6年3月1日　3訂初版

日本法令 ®

検印省略

〒101-0032
東京都千代田区岩本町1丁目2番19号
https://www.horei.co.jp/

著　者　高　橋　　　健
発行者　青　木　鉱　太
編集者　岩　倉　春　光
印刷所　東　光　整　版　印　刷
製本所　国　　宝　　社

（営　業）　TEL　03-6858-6967　　Eメール　syuppan@horei.co.jp
（通　販）　TEL　03-6858-6966　　Eメール　book.order@horei.co.jp
（編　集）　FAX　03-6858-6957　　Eメール　tankoubon@horei.co.jp

（オンラインショップ）https://www.horei.co.jp/iec/
（お詫びと訂正）https://www.horei.co.jp/book/owabi.shtml
（書籍の追加情報）https://www.horei.co.jp/book/osirasebook.shtml

※万一、本書の内容に誤記等が判明した場合には、上記「お詫びと訂正」に最新情報を掲載
　しております。ホームページに掲載されていない内容につきましては、FAXまたはEメー
　ルで編集までお問合せください。